一本讀懂

孔孟老莊

的古老智慧

李蘭方 編著

序文

德國著名的哲學家及精神病學家卡爾・雅斯佩斯（Karl Jaspers）所寫的《四大聖哲》一書中，指出人類歷史上最偉大的四個人是蘇格拉底、佛陀、孔子、耶穌。佛陀與耶穌是世界上千萬人朝聖的對象，蘇格拉底和孔子這兩位哲學家居然能夠與佛陀和耶穌並列，可見哲學在人類思想史上具有多麼深遠的影響力。

為了讓世人行善避惡，東西方世界均運用了許多方法，例如訂定社會規範、創立宗教、訴諸良知等等，在混沌的亂世，尤其需要良知的導引，激發內心的良知，是最根本的辦法。

春秋戰國時代這個亂世，就是很明顯的例子，這個時代的人們是非善惡不分，很容易迷失方向，去做壞事，造成處處亂象叢生。孔子、孟子、老子、莊子這幾位善於思考的智者，就是在這樣的背景下，針對亂世提出他們的建議，建立他們的思想體系，進而逐漸形成學說。在聖賢們一場場與弟子及世人激烈的爭辯當中，衝擊出大量的智慧火花，為後代流傳下雋永精深的思想，是值得我們全力保存的智慧恩典。

在這個文化思想獨一無二的黃金時期，諸子百家以獨特的視角，對宇宙、社會、政治、人性等諸多領域，進行激烈且深入的探討。他們別開生面的創新精神，為中國哲學構築出絢麗的思想版圖；諸子之間的激烈爭辯，為後世留下瑰麗的百家爭鳴格局。其中，尤以儒家與道家，對於世人生活層面，發揮了格外親近的感應以及影響力。

孔子就是當時很重要的先驅者，他發現在這樣的亂世之中，最重要的就是對自己負責，過好自己的生活，進而認真經營人與人之間的互動關係。以孔孟為代表的儒家，教導我們人際之間的適當關係，學習孔孟學說之後，我們可以更融洽的與他人相處。學會儒家學說之後，我們將能掌握人性的尊嚴，在待人處事、面臨人生抉擇徬徨無助之時，做出正確的抉擇。

孟子的時代比孔子晚了一百多年，孔子與孟子身為儒家代表人物，他們的宗旨始終相互配合。晚於孔子的孟子，將孔子的思想繼續延伸，發展成一個完整的體系，孟子告訴我們人性之可貴，讓我們知道珍惜自己擁有的一切，是多麼重要，並進而激發我們努力完成自我修練，從內心散發喜樂。

老子是道家的代表人物，其著作《道德經》，流傳於古今中外兩千五百餘年，是影響全球的重要文化資產之一，更是僅次於《聖經》、全球出版發行量第二大的中文書籍。《道德經》的中心思想為「道」，為萬物之始，存在於生活中各個不同的面向，並無時無刻為世人揭示真理及其不變的初衷本質，已經成為跨時代、跨領域的重要思維，賦予世人無限心靈的寄託。物理學家愛因斯坦、知名哲學家海德格、黑格爾均推崇老子的思想。德國哲學家尼采更是明白指出：「《道德經》像一個永不枯竭的井，滿載寶藏，取之不竭。」

道家思想強調「真實」，期許我們突破內心的格局，宏觀地看到宇宙萬物的整體性。如果能學習從道家的角度看待人生，試著讓一切順其自然，便能擺脫煩惱與束縛，讓自己活得更為自在瀟灑。

莊子與儒家的孟子為同一時期人士，為道家老子的後學，他站在老子的思想基礎上，將道家哲學繼續發揚光大，且對「道」有其獨特的看法。

生於戰國時代中期的莊子，在動盪的時代講求順應時代變化，隨遇而安，便可免於外在的干擾和傷害。莊子是個博學多聞的人，司馬遷稱莊子「其學無所不窺」，他博覽群書，涉獵的學問非常廣泛，常常以寓言闡述精妙的人生哲理，非常貼近百姓的心境。

莊子的思想繽紛而多元，無論是從哪一個角度，都可以看出其精彩與繽紛之處，為我們帶來豐沛的信心與勇氣。

孔子、孟子、老子、莊子的學說博大精深，他們對生活與生命提出的建議，直到今日都非常值得參考。讓我們一起從諸子思想的根源出發，進入先賢的世界，以孔子與孟子思想讓生活走向踏實的人生，以老子與莊子思想安頓身心，滋養心靈，克服未來的挑戰。

前言

說到智慧，大家不免想到英國哲學家羅素的《西方的智慧》一書。顧名思義，這本書談的是西方智慧，所談的是從泰勒斯（Thales）到維特根斯坦（Wittgenstein）的西方哲學。那麼，我們中國所擁有的智慧是什麼呢？

「中國人的智慧」是指千萬年來，中華大地上的人們所淬煉出的智慧，老子、孔子、孟子、莊子這些先聖先賢的哲學，都是智慧的化身。

孔子的《論語》享譽古今中外，已被世界公認。一部兩千年前的舊典，何以傾倒千秋萬代？因為它歷經了大風大浪，累積了人類生存、發展、處世、為人的智慧，這是歷經歲月磨礪，放諸四海皆具啟發性的人生哲理，所以它能超越時代和國界，為不同膚色的人們享用不竭。

孟子繼承並發展了孔子的思想，提出了一套完整的思想體系，對後世產生了極大的影響，被尊奉為僅次於孔子的「亞聖」。

老子是人們熟知的偉大思想家，他所撰述的《道德經》開創了中國古代哲學思想的先河。

他的哲學思想及所創立的道家學派，不但對中國古代思想文化的發展，發揮了重要貢獻，也對中國二千多年來思想文化的發展，產生了深遠的影響。

《莊子》的出現，意味著中國哲學思想和文學語言，已經發展到非常高深的境界，是中國古代典籍中的瑰寶。因此，莊子不但是中國哲學史上著名的思想家，亦是中國文學史上傑出的文學家，在中國思想史、文學史上都占有極重要的地位。

借鑑歷史上的人才智慧，有助於事業的成功，中國源遠流長的五千年歷史，流傳的正是我們的東方文化。本書涵蓋了人生哲理、品性修養、處世方法等方面的內容，以通俗的語言剖析人性的弱點，闡述深刻的生活智慧，並歸納出為人處世的成功法則，幫助你成就事業。

俗話說：「一燈能除千年暗，一智能滅萬年愚。」讓我們將歷史智慧轉換為自己的智慧，讓內心升起不滅的長明燈，讓這盞燈指引你快速邁向成功！

目錄

第三章　生活中的莊子智慧

第一章

生活中的孔孟智慧

在儒家的傳統中，孔孟總是形影相隨，既有大成至聖，便有亞聖。既有《論語》，便有《孟子》。孔曰「成仁」，孟曰「取義」，他們中心思想也始終是相輔相成的。據說，在聯合國大廈內鐫刻有至聖先師孔子的「大道之行也，天下為公」和「亞聖」孟子的「仁者無敵」這兩句話，足見孔孟對世界人類的廣泛影響。孔孟是中國貢獻於世界的兩座思想寶庫，是人類智慧的兩座無盡的奇珍之宮，是啟發我們拋棄小我走向聖哲的長青聖樹。讓我們一同了解生活中孔孟的智慧，深入理解他們的思想精神，提升個人的思想境界。

1.不被物質生活所累，心境才能恬淡安寧

一簞食，一瓢飲，在陋巷，人不堪其憂，回也不改其樂。賢哉，回也。

孟子說：「貧賤不能移，富貴不能淫，威武不能屈。」「威武不能屈」被放在最後一位，恐怕就是因為這一條最難做到。我們常常把它和「威逼利誘」放在一起談論，可是與「貧賤富貴」的誘惑相較之下，「威武」的威逼更能考驗一個人的誠實品格！

魯國宰相公儀休非常喜歡吃魚，有一天，公儀休與學生談話時，有人送來兩條鮮活的大鯉魚，公儀休婉言謝絕了。

他的學生不解地問：「老師，您不是很喜歡吃魚嗎？現在有人送魚來，您為什麼不接受呢？」

公儀休答道：「正是因為我特別愛吃魚，所以才堅決不能收人家的魚。道理很簡單，你想，他為什麼要給我送魚？正所謂『禮下於人，必有所求』。他有求於我，知

道我喜歡吃魚，所以特地送給我。如果我喜歡書畫，他就一定會送我書畫。如果我因為喜歡而收下，那麼明天他就可以給你送來玉制魚盤，後天他就可以給你金做的魚盆……如此下去，吃了人家的嘴軟，拿了人家的手短，到頭來就會成為金錢的奴隸、送禮者的俘虜，必須照人家的意思辦事。這樣就難免要違反國家的法律，如果犯了法，成了罪人，被罷官，今後誰還會給我送魚？我還能吃得上魚嗎？所以我就是再喜歡，也堅決不能收呀！如今，我身為宰相，宰相的俸祿足夠我自己買魚的開銷。現在想吃魚就自己買，不就可以一直有魚吃嗎？」

學生點頭說道：「是呀，送禮的人投您所好，就是為了達到自己的目的。如果因為是自己喜愛之物就收下，難免就走上歧途，毀了自己的名節呀！老師，您做得對！」

公儀休不接受他人餽贈的舉動是明智的，他為了恪守道德情操，寧願不吃饋贈的魚，用自己的一言一行來維護得之不易的名譽。

人立於世，不可沒有骨氣；一個國家，一個民族立於世，則不能沒有民族精神。中華民族漫漫五千年的傳統文化是形成民族精神的基石，在古人「富貴不能淫，貧賤不能移，威武不能屈」

的至理名言教導下，中華民族醞釀出自尊、自愛、自強的節操，抗擊一切外界的挑戰和磨礪。

東漢時，羊續清廉自守，他雖然歷任廬江、南陽兩郡太守多年，卻連自己的家眷都養不起，但他從不請托愛賄、以權謀私。後來，他出任南陽郡太守。當時社會風氣庸俗，奢靡成風，官府請客送禮、靠關係辦事的現象十分普遍。羊續下決心不同流合污，從自身做起，扭轉這種壞風氣。

南陽郡上任不久，他的一位下屬為謀私利，給羊續送來一條當地有名特產白河鯉魚，還向羊續誇耀魚味鮮美，再三聲明是自己打撈的，未花一分錢。在那時，魚是極其珍貴的禮物，羊續拒收，推讓再三，下屬執意要太守收下。這個舉動讓羊續十分為難，如果不收，可能掃了下屬的面子，因為人家是出於一片好意；如果收下，又怕別人知道後也起而仿效。

羊續於是把魚留下，但他並沒有將魚送進廚房，而是等這位下屬走後，將這條大鯉魚掛在屋外的柱子上，風吹日曬成魚乾。

後來，這位下屬又送來一條更大的白河鯉魚來討好羊續。

羊續一臉正色道：「你是本郡地位僅次於太守的官員，怎麼能帶這個頭呢？」不待下屬辯解，羊續把他帶到房簷下，讓他看上次送的那條魚還掛在那裡，已經曬成魚乾了。

他對這位下屬說：「你上次送的魚還掛著，已成了魚乾，請你都拿回去吧。」這位下屬當場覺得非常羞愧，便默默地把魚帶走了。此事傳開後，南陽郡的人們無不稱讚，而且再也無人敢給羊太守送禮了。

羊續懸魚拒禮既是對送魚者的不責之責，不辱之辱，也是對欲送禮者的不警之警、不戒之戒。後來被百姓稱羊續為「懸魚太守」，給予無限讚譽。如唐人顏萱詩：「懸魚庭內芝蘭香，馭鶴門前薜荔封」；宋人徐積詩：「愛士主人新置榻，清身太守舊懸魚」。一千多年後，明朝民族英雄于謙有感此事，曾賦詩曰：「喜剩門前無賀客，絕勝廚傳有懸魚。清風一枕南窗外，閒閱床頭幾卷書。」

公儀休、羊續這兩個位高權重的官員，用拒魚、懸魚的舉動，向世人昭示了光明磊落的胸懷與出淤泥而不染的品格，以堅守清廉的高尚情操贏得了後人的尊重，他們用自己的行動維護了自己的人格與尊嚴，譜寫了一曲珍惜名譽的正氣之歌。

過錦衣玉食的生活不好嗎？不是的，而是沒有了這一切時，不是偷盜搶奪，不是煩悶憂鬱，而應該學習顏回一樣「不改其樂」，不要遇到一点事就焦 不安，應繼續保持學習並樂觀的心態。並且，當我們面臨艱難處境想改變自己的志向時，為了自己的理想，不論前面的路途多麼的艱難困苦，我們應緬懷古聖賢貧賤不能移的節操，設法做到頂天立地，堅定不移。

【原文】

子曰：「一簞食，一瓢飲，在陋巷，人不堪其憂，回也不改其樂。賢哉，回也。」

【譯文】

孔子說：「一簞飯，一瓢水，住在簡陋的小屋裡，別人都忍受不了這種窮困清苦，顏回卻沒有改變他的快樂，顏回真是賢德啊！」

2.最好的生活態度是活在當下，最好的活法是行在今日

發憤忘食，樂以忘憂，不知老之將至云爾。

「人生在世，不如意事十常八九」，這是一種客觀定律，倘若把不如意的事情視為自己構想的一篇小說，或是一場戲劇，自己就是那部作品中的一個主角，心情就會變好許多。一味地耽溺於不如意的憂愁中，只會讓不如意的感覺更加深刻。既然悲觀於事無補，我們何不以樂觀的態度來對待人生，守住樂觀的心境呢？

用樂觀的態度看待人生，可看到「青草池邊處處花」，「百鳥枝頭唱春山」，樂觀的人對生活充滿了熱情。用悲觀的態度對待人生，舉目只是「黃梅時節家家雨」，低眉即聽「風過芭蕉雨滴殘」。打開窗戶看夜空，有的人看到的是璀璨夜空；有的人只能看到一片漆黑。一個心態樂觀的人，會在茫茫的夜空中讀出星光的燦爛，並越發感到愉悅，一個心態悲觀的人則是不由自主地淹沒於黑暗之中，越陷越深。

用樂觀的態度對待人生，就要微笑著對待生活，微笑是擊敗悲觀的最佳武器。無論生命走

到什麼地步，都不要忘記用微笑看待一切。微笑著，生命才能征服紛至沓來的厄運；微笑著，生命才能將不利於自己的局面一點點打開。

一位國王與宰相正在商議事情，適逢天下大雨，國王說：「宰相啊！你說，下雨是好事還是壞事啊？」

宰相說：「好事！陛下可微服私訪。」

又有一天，天下大旱，國王又問：「宰相啊！你說大旱是好事還是壞事啊？」

宰相說：「好事！陛下正好可微服私訪。」

又有一天，國王吃水果時，不小心切掉了小拇指，又問：「宰相啊！你說這是好事還是壞事啊？」

宰相說：「好事！」

於是，國王大怒，將宰相關入地牢，自己獨自去打獵。不料國王竟誤中土人陷阱，被活捉了起來，好在因為國王缺了一段小拇指，身體有缺損，免去被吃掉的厄運。

死裡逃生的國王回想起宰相的好，趕緊回宮將宰相從地牢放出來，又問宰相：

「我把你關在地牢裡好不好啊?」

宰相又答:「好!好極了!要不是陛下將微臣關在地牢,微臣恐怕就陪陛下打獵被捉,被土人吃掉了……」

積極樂觀的人,目光總是望向明天。遇到挫折時,總能客觀地分析問題,既不把責任推卸給別人,也不對自己妄自菲薄;懂得深刻反思,也知道繼續努力。生活中總免不了挫折,總伴隨著各式各樣的矛盾。如果能夠樂觀看待挫折,這些打擊所造成的傷害就會減小,對於矛盾的恐慌也會隨之削弱,挫折也將如同浮雲飄過,依然是藍藍的天、綠綠的山。

凡事懷抱平常心,任何事物皆有利有弊,要善於從積極的角度去衡量問題,樂觀處世。記住:每件事的發生必有其目的,必會有利於自己之處!

桌子上有一個杯子,而杯子中只有半杯水,假如你現在處於茫茫的沙漠中正感到極度口渴,在這種需要水的情況下,你發現了它,你會怎麼想,又會怎麼做呢?

不言而喻,當然是馬上拿起杯子,一口氣喝個杯底朝天。但是,當你發現它的一剎那間,你的心中會想到些什麼呢?也許有人會說:「哈哈,我有半杯水呢!真幸運!」另一種人則是愁容滿面地埋怨著:「哎,只有半杯水?這麼一點點水,能有什麼幫助?」

面對同一種現象，不同心態卻會引發兩種不同的結果，而這兩種結果恰巧是兩種相反的人生觀。一樣的生活，卻指引出不同的命運。樂觀與悲觀，正是因為個人看待人生的不同心態和角度所造成的。

悲觀者總是看到灰暗的一面，樂觀者總是看到光明的一面。

一位著名的政治家曾經說過：「要想征服世界，首先要征服自己的悲觀。」悲觀的情緒常常籠罩於我們生命的各個階段。人不可能沒有悲觀的情緒，要緊的是擊敗它、征服它。只要戰勝悲觀的情緒，用開朗、樂觀的情緒支配自己的生命，你將會發現生活有很多樂趣。只要把悲觀這個幽靈擊退，你將能征服世界上的一切困難之事。

北宋著名文學家蘇東坡。因為人正直，屢遭奸臣陷害，四十五歲以後，就過著流浪的生活。面對種種不幸遭遇，他仍保持豁達的性情。在被貶黃州期間，因當地市肆每日只殺一隻羊，他不敢與「在官者」爭買羊肉。但他好酒，須有佐酒之物，於是便購買羊脊骨，發明了一種「烤羊脊」的吃法，食時把脊骨上的碎肉剔得乾乾淨淨，還誇讚這些碎肉有海鮮蝦蟹的「逸味」，如此潦倒不堪之際，仍能尋找出生活的樂趣，顯示出對人生和社會的積極態度。

他被貶到當時稱為「南荒」的海南島儋州市中和鎮任職時，仍致力設帳勸學，弘揚文教，嘉惠鄉人，開啟了「書聲琅琅，弦歌四起」的風尚，開啟了「南荒」儋州的一代新風。

喜樂與悲哀永遠是共同存在的，也只有這樣，我們才會覺得人生是有意思的。否則，只有快樂或者只有悲哀的人生，一定會是相當苦悶的。所以，當我們不開心的時候，就想著「這是上天為了讓你覺得生活更有意思」而特意為你安排的，你就會覺得開心，這不是阿Q精神，而是一種樂觀心態。

悲觀讓人生的路越走越窄，樂觀讓人生的路越走越寬，選擇樂觀的態度看待人生是一種機智。在諸多無奈的人生裡，仰望夜空看到的是閃爍的星斗；俯視大地，大地是綠了又黃，黃了又綠的美景……這種樂觀，是堅韌不拔的毅力支撐起來的風景。

快樂時時刻刻環繞在我們身邊，我們要擦亮眼睛，學會發現快樂。每個人都是獨立的個體，想法皆有所差異，這也就是為什麼有些人整日笑容滿面，有的人卻總是愁容滿面的原因吧！擦亮眼睛，在身邊尋找快樂吧！當你過得快樂時，親朋好友都會受你的影響而變得快樂，這樣兩全其美的事，何樂而不為呢？

【原文】

子曰：「發憤忘食，樂以忘憂，不知老之將至云爾。」

【譯文】

孔子說：「用功便忘記吃飯，快樂便忘記憂愁，不知道衰老即將到來。」

3.有寬就有路，有容就有度

君子坦蕩蕩，小人長戚戚。

寬容是一種理解，是一份坦誠。試想，這個世界如果缺少了理解和寬容，我們周圍一定充斥著猜疑和抱怨，家庭之中，夫妻之間只剩下埋怨；職場上，同事之間只剩下虛偽、朋友之間只剩下層層隔閡……。長此以往，我們賴以生存的世界將變得沒有任何色彩，失去的將是人們最寶貴的真誠、友誼和信任，到了那個時候，才是我們最大的悲哀。寬容是一種思想境界，一種胸襟和氣度，更是一種美德。「海納百川，有容乃大」，「天高任鳥飛，海闊憑魚躍」所追求的博大高深，就是對寬容二字的最好詮釋。

藺相如位在廉頗之上，廉頗很妒忌，公開宣稱：「我是趙國大將，有功城野戰的大功；藺相如只憑耍嘴皮立下功勞，反而位居我上，藺相如只是個宦官的門客出身，地位低淺。我感到羞愧，不願意久居他下。」並說，「我要是見到藺相如，一定要羞辱他。」

藺相如聽到這些話後，不願和廉頗相會，深怕在大敵當前之際，無意識地引發一場龍虎鬥。因此，藺相如決心避讓，每次上朝都說自己有病，不想和廉頗爭高下。

一次，藺相如出門，望見廉頗，便掉轉車，打算迴避。

廉頗的門客和侍人對此很是不平，他們覺得主人太膽小怕事了。便對藺相如說：「我們之所以離開親人來侍候你，是因為仰慕你的高義。如今，你與廉頗地位相同，他口出惡言，你卻躲他、避他，害怕他也害怕得太過分了。你這種做法就連普通人也感到羞愧，更何況你呢！我們無能，讓我們走吧。」

藺相如阻止他們，說：「諸位認為廉將軍和秦王比起來如何？」

門客們說：「廉將軍不如秦王。」

藺相如說：「像秦王這樣的人，我尚且敢在朝廷上怒叱他，侮辱他的群臣。就算我無能吧，難道怕廉將軍嗎？強秦之所以不敢進犯趙國，只不過是因為趙國有我和廉將軍啊！如今如果兩虎相鬥，勢不共存，這樣對趙國很危險。我之所以避讓廉頗將軍，忍受他的惡言惡語，是把國家急難放在首位，把私仇放在後面。」

廉頗後來得知了藺相如的這番話，深覺自己的想法太短視，便懷著慚愧心情，向藺相如負荊請罪：「我是個粗魯人，不知道將軍寬宏大量如此。」

後來廉頗和藺相如和好，結成了生死交。他們在世時，趙國始終維持雄立，強秦不敢小覷趙國。

在人際交往中，不要只看到一己之私利，應盡量泯除報復之心和嫉妒之念，以大局為重，眼光應高遠，胸襟要博大。特別是涉及到大局時，就必須克己忍讓，寬容待人。不要如《三國演義》中的周瑜，心胸狹窄，容不得人，在「既生瑜，何生亮」的心態中搞到自我毀滅，應懷有「白日依山盡，黃河人海流。欲窮千里目，更上一層樓」的胸襟。

做人做事，要權衡利弊輕重，盡量從不同角度、各個層面來考慮問題，千萬不要只看問題的單一層面，否則會很容易產生錯誤的想法，引發過激的行為；人的一生，似水年華，如浩瀚宇宙中的一顆流星，轉瞬飛逝，所以我們活著就要舒心、坦然，不要過於計較個人得失，擁有一顆平常心，你就擁有了一份從容和恬靜。在身處逆境時，不因一時受挫而心灰意冷；在身處順境時，不因驕傲自大而忘乎所以。盡量換個角度思考問題，你將會發現一片新的天地。

寬容不僅能提升道德修養，還是一面展示道德修養境界的鏡子。佛家有言：「大肚能容，容天下難容之事。」大家都喜歡胸懷寬大的人。假如你希望多結交一些朋友，首先要寬宏大量。有人說，寬容是一種修養，是一種處變不驚的氣度，是一種承受，一種理解，一種體諒，一種品格，一種境界。它不是先天的秉性，而是後天的教化，需要我們去學習，去感悟，去體驗。人非聖賢，孰能無過？從小事做起，尊重別人，也就是尊重自己。生活中，能得到別人寬容的人是幸福的，能寬容別人更是高尚的，天下沒有渡不了的河，沒有過不去的山，也沒有解不開的結。記住：開開心心地生活、學習和工作，比什麼都重要！

馬克・吐溫在三十五歲時，愛上了年輕的奧利維亞・蘭登，並贏得了她的芳心，只是結婚還有個條件：必須取得女方父母的同意。老蘭登先生是個很有社會地位的人，他對馬克・吐溫說，對這個來自遙遠西部的小作家的為人一無所知，所以不答應這門婚事，除非馬克・吐溫能夠提出由西部知名人士寫的推薦信，證明他的品行端正。

馬克・吐溫立即寫信到加州，請求六位他認識的知名人士（其中包括兩名牧師和一名學校校長）替他做證明。然而，不知是因為馬克、吐溫的作品諷刺抨擊了美國社會，引起這幾位人士的不滿，還是這些名流們的妒嫉心在作怪，他們寄來的書信內容，對馬克・吐溫極為不利。其中一位牧師竟預言：「我確信，這個年輕人不久就會爛醉而死，進入醉鬼之墳。」儘管如此，馬克・吐溫還是把六份資料如數呈交給了老蘭登先生。

老蘭登先生讀完信件，目光嚴厲地說：「看來，你在這個世界上是一個朋友也沒有了？」

「顯然是一個也沒有。」馬克・吐溫老老實實地回答。

老人神色變得溫和了，說道：「不過，假如讓我們換一個角度來看，你敢把這樣的信件送給我，證明了你是一個誠實的人，因為你並不打算迴避別人對你的看法。其次，這又證明了你是一個勇敢的人：竟敢在求婚的關鍵時刻，展示出對自己不利的言論。把這些信件丟到一邊去吧！我比他們更了解你，既然你沒有朋友，我就來做你的朋友！和我的女兒結婚吧！」

蘭登先生的寬容大度，讓女兒得到一個好丈夫，女兒婚後生活十分美滿。缺乏寬容，人與人之間將會永遠處於積怨難消、疑慮叢生、猜忌報復的惡性循環之中，永遠無法和諧相處，無法凝聚；缺乏寬容，幸福之花就沒有生長的土壤和綻放的空間。因此，我們可以確認定的是：缺乏寬容的人，難以贏得歡樂與幸福；缺乏理智的人，常常會自己品嘗悔恨與痛苦的滋味。

十九世紀法國文學大師維克多・雨果曾說過這樣一句話：「世界上最寬闊的是海洋，比海洋寬闊的是天空，比天空更寬闊的是人的胸懷。」

一天晚上，一位老禪師，在禪院裡散步，發現牆角有一張椅子。禪師心想：這一定是有人不顧寺規，偷偷跑出去玩耍了。

於是老禪師便坐在這把椅子上靜靜等候。沒多久，果然有一個小和尚翻牆而入，在黑暗中踩著老禪師的肩膀跳進了院子。

當雙腳落地時，才發覺剛才踏的不是椅子，而是自己的老師，小和尚頓時驚慌失措。

但出乎意料的是，老和尚並沒有厲聲責備他，只是以平靜的語調說：「夜深太涼，快去多穿件衣服。」

小和尚感激涕零，回去後告訴其他的師兄弟。

從此，再也沒有人夜裡越牆出去閒逛了。

寬容待人，不僅體現了風度與氣概，還給予別人改過的機會，讓別人更尊重你，給你帶來更大的回報。俗話說「宰相肚裡能撐船」，比宰相的肚子更大的，是彌勒佛的肚子。在南京多寶寺內的彌勒佛，是這樣的：「大肚能容，容天容地，於己何所不容；開口便笑，笑古笑今，凡事付之一笑。」這是何等的心胸啊！這樣的心胸，又有什麼事情不能容納，有什麼恩怨不能放下？從這些對聯中，我們不難看到，寬容和笑、愉快在彌勒佛的境界裡是互有連結的。

寬容待人是一種美德，是一種思想修養，也是人生的真諦，你能容人，別人才能容你，這是生活的辯證法則。那麼，容人究竟容什麼？大致有以下幾方面：

1.容人之長：人各有所長，取人之長補己之短，才能相輔相成，事業才能穩定發展。相反的，有些人只會嫉妒別人的長處，生怕同事和部屬超越自己，老是想方設法壓制他人，其實這種做法是很愚蠢的。

2.容人之短：金無足赤，人無完人。人的短處是客觀存在的，容不得別人的短處勢必難以共事。

3.容人個性：由於人們的社會出身、經歷、文化程度和思想修養各不相同，所以人的性格各異。因此容人從根本上來說就是要能夠接納各種不同性格的人，這不僅是一種道德修養，也是一門藝術。從歷史上看，許多領袖人物，都是善於團結各種不同性格的人共同工作的典範。

4.容人之過：「人非聖賢，孰能無過。」歷史上凡是有作為的偉人，多數都能容人之過。

5.容人之功：別人有功勞，本應該感到高興，但有的人心胸狹窄，生怕別人功勞高過自己，會對自己構成威脅。這些都說明容人之功不易練成。應務求胸懷開闊，提升度量。

「水至清則無魚，人至察則無徒」，人際關係要用熱情和真誠去培養，用寬容和大度去護理，心底無私天地寬。量小非君子，妒忌不丈夫。寬容的人有如樂山大佛莊嚴和藹，反之，與度量狹小的人相處則是緊張沉重，寢食難安。

「海納百川，大容乃大；山高萬仞，無欲則剛。」寬容待人，像大海笑納寬廣無私，像高山矗立剛正不阿。當然，這些並非一日之功，需要靠長期的休養和對自我的嚴格要求。寬容待人，仁者無敵，讓我們擁有寬容的心靈吧！多年以後，你會發現，人生的路上，你留下的是令人陶醉的瑰麗風景。

【原文】

子曰：「君子坦蕩蕩，小人長戚戚。」

【譯文】

孔子說：「君子的心胸總是寬廣無邊，而小人經常憂愁不堪。」

4.自己先站穩，才能攙扶起需要幫助的人

己欲立而立人，己欲達而達人。

人不能脫離這個社會的自然法則，不能脫離這個宇宙的世界而單獨存在，你的衣食住行，你的婚姻家庭，你的工作事業，無不與他人有著千絲萬縷的聯繫，無不對他人產生交互作用，既然人與人之間有著不可分割的相互聯繫，我們就應該充分認識到在做人做事方面，「我為人人，人人為我」是建構出和睦家庭、和諧社會、祥和世界的重要精神指標。如果大家都能學會助人，樂於助人。你撐一把傘給我，我也撐一把傘給你，所有的人就能共同撐起一個完整而和諧的世界。

當我們四處尋覓快樂源泉之時，不難發現幫助別人就是一件快樂的事。其實，助人為樂是人生的一大美德。人們在幫助別人的同時，也幫助了自己，或者說從心理上充實了自己，使自己也得到了快樂。無私的行為能夠增加人們的快樂。

愛麗斯幾年前因失戀而得了憂鬱症，從原本居住的美國東北部移居到中西部生活。愛麗斯很快就發現，中西部人們的生活習慣與東北部居民有很大的不同。中西部的生活節奏緩慢，民風比較純樸，人與人之間的關係很和諧。好幾次，她從停車場出來上車道，儘管車道上排著長長的車隊，可是總有人給她讓道。這種彬彬有禮、先人後己的行為，讓她深受感動。

一天早晨，她讓一輛大卡車先行，深受感動的卡車司機，後來在路上從後視鏡裡發現愛麗斯的車沒油停了下來，他便停下車，取出自己的備用汽油加進愛麗斯的車裡，並護送愛麗斯到附近的加油站加足了油，後來這兩個年輕人竟然喜結良緣。愛麗斯的憂鬱症也從此不治而癒了。

這聽起來像是個浪漫的電影故事，心理學家卻認為其中蘊含著深刻的科學道理。美國一家心理學雜誌發表了一項大型心理問卷的調查結果，發現經常幫助別人的人，明顯比不樂於助人的人快樂；從精神病學的角度來看，前者罹患憂鬱症的可能性要比後者低得多。研究人員由此得出結論，那就是「養成助人為樂的習慣，是預防和治療憂鬱症的良方」。助人為樂的結果往往是雙贏，既幫助了他人，同時也讓自己獲得了金錢買不到的快樂。

要想做到助人為樂，必須擁有捨棄自我的奉獻精神，並將這樣的精神融入生活中，化為為人處世的準則。見到他人遭遇風險時，要先人後己。《三國志・蜀書》中有句名言：「每有患急，先人後己。」它要求人們，臨危不懼，見義勇為，這是助人為樂最高思想境界的體現。

《世說新語》上記載著這樣一則故事：

華歆、王朗二人一同乘船避難。半途遇有一人想要搭乘便船，華歆感到很為難。王朗說：「幸而船上還有空位，為什麼不許可呢？我們要多做幫助人的好事才對。」

這個人上船後不久，就聽到後面殺氣四起，原來是盜賊追來了。

只見盜賊離船越來越近，在這事態險惡之時，王朗想拋棄後來的這個共乘之人，華歆這時說：「我原先之所以猶豫，正是因為考慮到這種情況，既然已經接受他的請托，怎麼可以因為形勢危急而見死不救呢！」最後，他們協助這位被盜賊追趕的人脫困。

中國古代名醫華佗，不僅醫術高明，而且醫德高尚。他助人為樂的精神感動了許多人。華佗行醫不像當時其他醫生那樣，一定要病家尋上門來才給醫治，他經常是主動去給病人治病。為減輕病人的痛苦，他常常跋山涉水，餐風宿露，到幾千里、上百里以外去給人醫傷治病。

有一次華陀外出醫治病人回來，天色已經很晚，途中碰到一個人蹲在路邊呻吟，他就主動走上前去詢問。

路人說：「肚子突然痛得厲害，什麼東西也不想吃。」華佗就在路旁為他診斷，告訴他說：「你肚子裡有蟲，可向附近小店要三小杯醋酸，喝下去就會好了。」那人照辦，果然肚子不疼了。當這位病人要感謝時華佗時，華佗卻連名字也沒有留下就走了。

在這個世界上，個人的力量總是單薄的，一個人無力去解決生活中的所有問題，走完這漫漫人生之路，是多麼孤寂，又多麼危險。每個人都離不開他人的幫助。常言：「一個籬笆三個樁，一個好漢也要三個幫。」正是由於大家相互幫助，相互關懷，這世界才會這般溫暖，這般美好。

一個人在助人為樂的道德實踐中，會自然地使思想道德境界得到昇華。正如列夫·托爾斯泰所說：「一個人給予別人的東西越少，自己要求的越多，他就越壞。」世界是個展覽，我們從人品的「展覽」中看到：世間的助人為樂者都不是庸庸碌碌、自私自利之徒。

要做到助人為樂，首先要樹立正確的幸福觀，把為他人謀福利視為自己的義務和幸福；其次，要樹立正確的處事觀，遇事要設身處地地為他人著想；再次，樹立正確的知行觀，到社會的大課堂中去鍛鍊、去實踐，在千百次的實踐中，鍛鍊良好的道德。

【原文】

子曰：「己欲立而立人，己欲達而達人。」

【譯文】

孔子說：「自己立足社會，也要幫助別人立足社會，自己辦成事，也要幫助別人辦成事。」

5.成功的首要條件就是累積，以少為多，以慢為快

欲速，則不達，見小利，則大事不成。

欲速則不達，意思是說一味性急圖快，違背了客觀規律，反而達不到目的。對於「一萬年太久，只爭朝夕」的人來說，最不容易接受這個勸導。然而無數事實證明，「欲速則不達」是一個堅如磐石的道理。

在「時間就是金錢」的現代社會裡，一切講求快速。放眼望去，吃的是「速食麵」的「速成班」，走的是「捷徑」，渴望的是「瞬間發財」，以至於造成社會上充斥著追逐功利，普遍短視的現象。在速度掛帥的前提下，人們不再腳踏實地、按部就班，處處顯得毛躁馬虎、急功近利，這不禁讓人想起一個故事：

有一個小朋友，他很喜歡研究生物學，他很想知道蝴蝶是如何從蛹殼裡爬出來，進而自行飛翔出去。

有一次，他看見地上有一個蛹，便取了回家，每天觀察。

幾天之後，這個蛹出現了一條裂痕，看見裡面的蝴蝶開始掙扎，想從蛹殼掙脫，飛到外面的世界。

這個過程長達數小時之久，蝴蝶在蛹裡面很辛苦地拼命掙扎，看起來似乎沒法子掙脫出來。這個小孩看著很不忍心，就想「不如讓我幫幫牠吧！」，便隨手拿起剪刀，把蛹剪開，希望蝴蝶能破蛹而出。

但蝴蝶爬出來後，因為翅膀不夠力，身軀變得很臃腫，飛不起來。

這隻蝴蝶之後再也飛不起來，只能夠在地上爬行著，因為牠沒有透過自己的奮鬥，將蛹打開的過程，所以永遠也飛不起來。

這個故事說明必須瓜熟，方能蒂落，必須水到，方能渠成。

中國成語「欲速則不達」，說的是希望很快完成的事情，結果不僅達不成目的，反而還因為貪快而讓事情發展得更慢，或是更難達成效果。

但從上面這個蝴蝶脫蛹而出的故事，我們得到什麼啟示？

蝴蝶在蛹裡面，從打算突破蛹殼，直到飛出來，在這最後的幾小時中，必須經過辛苦的掙扎。而這段掙扎過程，實際上是鍛鍊牠那一對翅膀的過程，亦是考驗牠身體能夠縮小的過程。如果發揮足夠的努力，牠將這個蛹打開裂口，飛出來的時候，便可以一飛衝天。

但這個小孩忍不住出手幫助蝴蝶，用剪刀剪開蛹殼，讓蝴蝶輕而易舉地出來了。牠的翅膀沒有經過撕破蛹的過程中的考驗，是沒有力的。因此，這個小孩原本是想幫蝴蝶的忙，結果反害了蝴蝶，就是「欲速則不達」的寫照。

我們談這個蛹化蝶的故事，乍看是一個自然界裡微小的事實，但如果把這故事放大至我們的人生，我們便會發現，我們在今時今日所做的事業，都必須有一個痛苦的掙扎和奮鬥的過程，這個過程本身就是一個能夠將你鍛鍊得堅強，使你成長得更有力的過程。

人生必須背負重擔，一步一步慢慢地走，穩穩地走，總有一天，你會發現自己是走得最遠的人。急於求成永遠不會獲得想要的效果，只有腳踏實地才能獲得最終的成功。

從前，有一個到歐洲銷售商品的阿拉伯商人，他的生意頗為興隆，他帶去的一馬車貨物不到幾天就賣完了。他喜孜孜地買了些給家人的禮物裝進馬車，駕車往家趕去。他歸心似箭，日夜兼程，深更半夜他才投店休息；第二天一大早又忙著趕路。店主幫他把馬牽出馬棚時，發現馬左後腳的馬蹄鐵上少了一枚釘子，就提醒他該釘釘子了。

商人說：「再過十天就到家了，我可不想為一顆小釘耽誤時間。」話音未落，就趕車走了。

兩天後，商人路過一個小鎮，被一個釘馬蹄鐵的夥計叫住：「馬掌快掉了。過了這個鎮可不容易再找到釘馬蹄鐵的了。」

商人說：「再過八天，我就到家了。我可不想為一個馬掌耽誤功夫。」

離開小鎮沒多遠，在一個人煙稀少的地方，馬蹄鐵掉了。

商人想：「掉就掉了吧，我可沒時間再返回小鎮了，快要到家了。」

走了一段路後，馬開始一瘸一拐起來。

一個牧馬人對商人說：「讓馬養好腳再走吧！否則馬會走得更慢的。」

「再過六天，我就要到家了，為馬養傷，多浪費時間呀！」

馬走得更跌跌撞撞了，一個過路人勸商人讓馬養好腿再繼續趕路，可他說：「老天，養好腿得多長時間？再過四天，我就要到家了，別耽誤我與親人見面！」

又走了兩天，馬終於倒下了，一步也走不了了。商人只得丟下馬和車子，自己扛著東西徒步朝家走去。

結果，馬車走兩天的路，程他走了四五天，到家的時間反而比預定時間晚了兩三天，真是欲速則不達。

這就是急於求成的結果。由此不難看出，急於求成只會導致最終的失敗，我們應把眼光放遠，認真積累知識與才能，厚積薄發，自然會水到渠成。

其實，無論做什麼事，都不能急於求成，我們腳下的路應該一步一步地走，而不是一位要求一步登天。所謂「欲速則不達」就是這個道理。要想取得成功，就必須刻苦奮鬥，只有腳踏實地，憑自己的能力做事，才有可能取得好的成就。所謂：「一口不能吃個胖子。」意思是說，萬事不能好高騖遠，急於求成，而不講究步驟。我們都知道，無論是從事哪一種職業，要取得成功，都需要堅持不懈的努力，朝著既定的目標，一步一個腳印地拼博和奮鬥。

【原文】

子曰：「欲速，則不達，見小利，則大事不成。」

【譯文】

不要求快，不要貪求小利。求快反而達不到目的，貪求小利就做不成大事。

6.得時無怠，時不再來

逝者如斯夫！不舍晝夜。

陸機《短歌行》曰：「人壽幾何？逝如朝霜。時無重至，華不再陽。」人生短短幾個秋，說起來也是彈指一揮之間。無論做什麼事情都要珍惜時間，切不可慨歎人生的苦短，讓時間白白地從身邊流逝。

莊子曰：「人生天地之間，若白駒之過隙，忽然而已。」第一種人正是認為短短的人生，若不及時行樂，豈不枉來人生一遭？他們抱著「今朝有酒今朝醉，我歌我笑如夢中」的態度，放縱時間在嬉戲之間度過，過著如同寄生蟲般的生活。第二種人深深懂得「盛年不重來，一日難再晨」，於是痛感「時不待我」，整天埋頭於工作和學習中，把生命的分分秒秒都過得非常充實，都在發光發熱，這也正體現了愛迪生的一句話：「人生太短，要做的事情太多，我要爭分奪秒。」

朱自清也曾在他的《匆匆》一文中提到：「洗手的時候，日子從水盆裡過去；吃飯的時候，日子從飯碗裡過去。當你覺察它失去了，匆匆伸出手遮擋時，它又從遮擋的手指間過去。天黑時，你躺在床上，它便伶伶俐俐地從你身上跨過，從你腳邊飛走了。」

魯迅先生也曾說過：「節約時間，也就是使一個人的生命更加有效，也就等於延長了人的生命。」

莫等閒，白了少年頭。時間如流水，總是奔流不息。自古以來，多少文人墨客發出了自己的感慨。

「時間就是生命」、「時間就是效率」、「時間就是金錢」、「一寸光陰一寸金，寸金難買寸光陰」，諸如此類的描述，我們每個人都可以脫口而出。對待時間的方式，可以決定我們的命運。我們的手中，握著的可能是失敗的種子，也可能是成功的無限潛能，答案需要我們自己選擇——隨波逐流將一事無成；全力以赴便是前程錦繡；成功乃是從珍惜時間開始，讓我們在這一瞬間創造永恆！

有一位富翁，買了一幢豪華的別墅。從他住進去的第一天起起，每天下班回來，他總看見有個人從他的花園裡扛走一隻箱子，裝上卡車拉走。

他還沒來不及叫喊，那人就已經走了。這天他決定開車去追。那輛卡車走得很慢，最後停在城郊的峽谷旁。

陌生人把箱子從卡車上卸了下來並扔進了山谷。富豪下車後，發現山谷裡已經堆滿了箱子，規格式樣都非常相似。

於是，他走過去問：「剛才我看見你從我家扛走了一隻箱子，箱子裡裝的到底是什麼？這一堆箱子又是幹什麼用的？」

那人漫不經心地打量了他一番，微微一笑，說：「你家還有許多箱子要運走，你不知道？這些箱子都是你虛度的日子。」

「什麼日子？」

「你虛度的日子。」

「我虛度的日子？」

「對。這些都是你白白浪費掉的時光、虛度的年華。你朝夕盼望美好的時光，但美好時光到來後，你又幹了些什麼呢？你過來瞧，它們個個完美無缺，根本沒有用，不過現在……」

富豪走過來，順手打開了一個箱子。

他看到一條暮秋時節的道路，他的未婚妻正踏著這條路，在落葉之間，慢慢走著。

他打開第二個箱子，裡面是一間病房。他的弟弟躺在病床上，等他回去。

他又打開第三個箱子，原來是他以前那棟老房子。商人飼養的忠實的狗，臥在柵欄門口眼巴巴地望著門外，等了他兩年，已變得骨瘦如柴。

這時，富豪感到胸口一陣絞痛。陌生人像一位審判官一樣，一動不動地站在一旁。

富豪痛苦萬分地說：「先生，請你讓我取回這三隻箱子，我求求您。我有錢，您要多少都行，我可以給你。」

這時，陌生人做了一個「不可能」的手勢，意思是說：「太晚了，已經無法挽回了。」說罷，那人和箱子便一起消失了。

有人說，頭腦和時間是人生最寶貴的兩項資產。無論做什麼事情，即使不用腦子，也要花費時間。因此，時間是組成生命的核心因素。一個沒有時間的人，不再稱之為人，而一個死去的人也無法擁有時間。

時間伴隨著我們的一生，我們可以自由支配。我們需要做的是學會管理好自己的時間——

我們無法阻止時間的流逝，但是我們可以利用時間。我們要成為時間的主人，而不是成為時間的奴隸。

陶淵明說：「盛年不重來，一日難再晨。及時當勉勵，歲月不待人。」岳飛在《滿江紅》詞裡大聲疾呼：「莫等閒，白了少年頭，空悲切！」在人的一生中，時間是最容易流失的。「時間就是生命」，成功從珍惜時間開始！我們每個人都應該珍惜時間，充分利用時間，實現自己的人生價值。

各行各業的人依據自己對時間的理解，把時間這個名詞融合為富有哲理的話語。工人說：「時間就是財富」；農民說：「時間就是糧食」；醫生說：「時間就是生命」。時間到底是什麼呢？

科學家巴夫洛夫曾給他的學生們講了一個故事。

夜深了，一位巴格達商人走在黑漆漆的山路上。突然，有個神秘的聲音傳來：「彎下腰去，多撿些小石子兒，明天會有用的！」

商人彎下腰，撿起幾顆小石子兒。到了第二天，商人從口袋中掏出小石子兒看時，才發現那所謂的小石子兒原來是一顆顆亮晶晶的寶石！自然，也正是這些寶石，使他立即變得後悔不已——天啊！昨晚怎麼就沒有多撿些呢？

巴夫洛夫在講完這個故事之後，意味深長地說了這麼一段話：「教育就是這麼回事——當我們長大成人之後，才會發現以前學的科學知識是珍貴的寶石。我們這時也會覺得可惜，因為我們學到的畢竟太少了！」

每個人都有一條人生路。這條路並不是灑滿陽光，充滿詩意，它常常會遇上沼澤，或是荊棘叢生的小道。有人摔倒了，便從此一蹶不振；有人儘管屢戰屢敗，最終人生光彩奪目；有人一路揮光陰如土，老年時只好歎息年華虛度；有人一路爭分奪秒，為自己的人生爭得光輝燦爛……

只有珍惜時間的人，才能走上美好的人生之路。時間是一種玄奧莫測的東西，它始終伴隨人生的旅程。時間是有限的，是不能用錢買到的最寶貴資源。明代文嘉寫了《明日詩》，殊不知他還有寫了《今日詩》：

今日復今日，今日何其少！今日又不為，此事何時了？人生百年幾今日，今日不為真可惜。若言姑待明朝至，明朝又有明朝事。為君聊賦《今日詩》，努力請從今日始。

這首詩雖然隔數百年，但這最後一句仍可作為我們今日的座右銘。

外國有句諺語：「時間像彈簧，可以縮短，也可以拉長。」做時間的主人，善於抓住時間，才不會碌碌無為，虛度年華。

【原文】

子在川上曰：「逝者如斯夫！不舍晝夜。」

【譯文】

孔子在河邊說：「消逝的時光就像這河水一樣啊！不分晝夜地向前流去。」

7.得道多助，失道寡助

得道者多助，失道者寡助。

古人云：「得人心者得天下。」講的就是人心的力量。無論你的攤子鋪得多大，經營之道如何精通，若無品德，便無法贏得人心，一切都等於零。

據野史記載，清代乾隆年間，鄭州城裡有一間點心店的店主鄭國昌，以貨真價實贏得顧客滿門。但賺錢後便摻雜使假，對顧客也怠慢起來，生意日漸冷落。

一日，鄭板橋來店就餐，鄭國昌驚喜萬分，恭請題寫店名，鄭板橋揮毫題寫：「鄭國昌點心店」六個字，墨寶蒼勁有力，引來眾人觀看，但還是生意冷落。原來是「心」字少寫了一點。鄭國昌請求補寫這缺失的「點」。

鄭板橋說：「我沒有寫錯，你以前生意興隆，是因為『心』有了這個『點』，而今天生意冷淡，正是因為『心』少了『一點』。」

鄭國昌感悟，後悔莫及。

由此可見，人心是一筆無形的資產，是一筆不可忽視的巨大財富。

春秋戰國時有個叫馮諼的人，受其主人孟嘗君之命，到薛地為其收繳債務。臨走時，他問孟嘗君：「收完債後，該買些什麼東西帶回來？」

孟嘗君說：「視吾家所寡有者。」

這個馮諼有些特別，他到了薛地後不忙著收債，反而借主人之名，燒毀了全部借據。此舉深得人心，「民稱萬歲」。

看到兩手空空歸來的馮諼，孟嘗君詫異地問道：「你收完債，買回來了什麼東西？」

馮諼答道：「你不是說，看你家缺什麼就買什麼嗎？以我看，你家裡什麼都不缺，惟獨就缺『義』，所以我就用這些借據，幫你買了『義』回來。」

孟嘗君聽罷雖然很不高興，卻也無可奈何。後來，孟嘗君因失寵而被貶薛地，受到了當地百姓的熱烈歡迎，「未至百里，民扶老攜幼，迎君道中。」

這時，孟嘗君才恍然大悟，深深認識到民心的重要性。

古往今來，中國人雖然都懂「得人心者得天下」的道理，但在對待如何獲得民心的做法上卻大相徑庭。古人無論是談「義」也好，談「信」也好，都取決於「上」的意志，因而終究擺脫不了人治的巢臼。「人心為上」，這是一條千古不變的真理，誰也違背不得，否則，那就只有自食其果了。

孟子曰：「天時不如地利，地利不如人和。得道多助，失道寡助。」在一個有五千多年歷史的文明禮儀之邦，我們的先人早就知道得道多助，失道寡助，一代代的中國人也正是在這樣一種文化的渲染下茁壯成長。我們應謹記古人的教導：得道多助，失道寡助。

【原文】

孟子曰：「得道者多助，失道者寡助。」

【譯文】

實行仁政的人，會得到很多人幫助，不實行仁政的人，幫助他的人就少。

8.對待過錯的態度，體現你的修養

> 古之君子，過則改之；今之君子，過則順之。

世間上，有一種人死不認錯，但也有一種人，知錯就改。

死不認錯的人，是非常可惜的，就如一個人穿了一件骯髒的衣服，一直不肯洗滌；一身的污垢，不知道沐浴，穢氣熏人，令人生厭，甚至人人見了都要退避三舍，可是他還不知道，豈不可惜！甚至可悲！

一篇好的文章，要經過多次的修改；一幅名畫，也要經過顏料的粉飾。樹木花草，需要整理才會整齊；長髮短鬚，也要靠修剪才會美觀，為什麼有了錯誤，卻不肯改呢？

「人誰無過，過而能改，善莫大焉！」這句話，說得很辯證，意思是說，誰沒有錯誤，有了錯誤而能夠改過，那就是最大的好事。

春秋時代，晉國的晉靈公，表現得非常不像話，他殘酷地搜刮百姓的錢財，用來裝飾宮廷的牆壁；他建造了一個高臺，在高臺上用彈弓瞄準臺下行人彈射，竟然看著民眾驚慌逃避，藉以取樂；廚工煮熊掌沒有煮熟，就殺死他，讓宮女把屍體放在籮筐裡運出宮去。大臣趙盾、士季看到了屍體露在籮筐外面的手，查問到原因，又憤怒又憂慮。他們商量著要進宮去諫勸晉靈公。

士季說：「讓我先去進諫，希望國君能改正過錯；如果不改，您再去諫勸。」趙盾同意了。

士季進宮後，晉靈公坐在殿上，裝著沒看見。直到士季站在殿外屋簷下，晉靈公才不得不招呼他。士季婉轉地勸晉靈公不能這樣胡作非為。

晉靈公敷衍地說：「我知道錯了，我一定改！」

士季叩著頭說：「人誰無過，過而能改，善莫大焉。大王能勇於改過，是晉國的幸事。」

但是，實際上晉靈公沒有改，也不想改。於是趙盾準備進宮去嚴肅地諫勸一番了。

晉靈公十分討厭大臣們的囉嗦，但對於剛正的趙盾有些恐懼。他因此派刺客去行刺趙盾，但沒有成功。靈公又在宮中埋伏了甲士，想趁趙盾進宮時殺掉他，趙盾又被手下的人救了出去。

靈公這樣的倒行逆施，激怒了其他的大臣，趙盾的堂兄弟趙穿就發動兵變，把晉靈公殺死了。

晉靈公的死，是一個負面形象的證明，他的故事印證了一個道理，那就是一個人如果有錯不改，任其發展，最後將釀成無法挽回的惡果。

莎士比亞曾經說過：最好的好人，都是犯過錯誤的過來人；一個人往往因為有一點小小的缺點，將來會變得更好。這句話告訴我們：錯誤是在所難免的，關鍵是發現錯誤後能及時改正，這樣就能從中吸取經驗，避免陷得太深。正所謂：亡羊補牢，猶時未晚。

沈從文是中國現代著名作家，出生在湖南省鳳凰縣的農戶家庭。小時候，沈從文特別喜歡看木偶戲，常常因為看戲入迷而耽誤了讀書。

有一天上午，沈從文從課堂裡溜出來，一個人跑到村子裡去看戲，那天木偶戲演的是「孫悟空過火焰山」。沈從文看得眉飛色舞，捧腹大笑。一直看到太陽落山，他才戀戀不捨地回到學校。這時，同學都已放學回家了。

第二天，沈從文剛進校門，老師就嚴厲地責問他為什麼曠課。他羞紅著臉，支支吾吾地答不上來。老師氣得罰他跪在樹下，並大聲訓斥道：「你看，這株楠木樹天天往上長，而你卻偏偏不思上進，甘願做一個沒出息的矮子。」

第三天，老師又把他叫去，對他說：「大家都在用功讀書，你卻偷偷溜去看戲。昨天我雖然羞辱了你，可這也是為了你好。一個人只有知錯就改，才不至於越陷越深，才會有成就，別人才會尊重你。」老師的一番話，使沈從文感動得流下了悔恨的眼淚。他後悔自己不該蹺課去看戲。沈從文暗暗發誓，一定要記住這次教訓，改正自己的錯誤，成為一個受人尊重的人。此後，沈從文一直嚴格要求自己，長大後終於成了著名的作家。

錯誤，就是過失。人非聖賢，孰能無過，犯了過失，不是最大的罪惡，只要肯改過，所謂「知過必改，善莫大焉」。每個人都有做錯事的時候，事情發生錯誤以後，如果盡早去挽救，還不為遲。俗話說得好：「不怕人有錯，就怕不改過。」人生有得，也必有失。知錯就改，善莫大焉！

既然犯錯誤不可避免，何不從容、勇敢去面對？既然是錯誤，肯定與正確有一段距離，為了縮短這段距離，就必須付出更多的辛勞和努力，為了避免犯同樣的錯誤，就必須有對應的預防糾正措施，從而不斷地靠近成功。

早在兩千年前，孔子就說了：「過，則勿憚改。」意思是：犯下過錯並不可怕，可怕的是有了過錯卻不去改正。生活在二十一世紀的我們，應好好聽聽孔老先生的教誨。如果一味地犯下錯誤，而不知改正，恐怕總有一天，就會連挽回的餘地都沒有了。

【原文】

孟子曰：「古之君子，過則改之；今之君子，過則順之。」

【譯文】

孟子說：「古時候的君子，有了過錯就會改正，人民都欽仰他；如今的君子，有了過錯，人民不但順遂他的過錯，還會隨著為他的錯誤辯護。」

9.生於憂患，死於安樂

生於憂患，死於安樂。

「生於憂患，死於安樂」，意思是艱苦的生活環境能夠鍛鍊人們堅強的意志，激勵人們不斷進取；安樂的生活條件容易腐蝕人心，一旦沉湎其中，便會走向頹廢乃至滅亡。這是古往今來從無數正反兩方面經驗中總結、提煉出來的警世良言，是由人才成敗史、國家興亡史所證實的客觀規律，揭示了事物發展變化的普遍規律。

科學家曾做了這樣一個實驗：把一隻青蛙放進一鍋冷水裡，然後慢慢加熱，開始時水是涼的，青蛙覺得很舒服，水溫逐漸升高，直至青蛙難以忍受十，牠才意識到危險，這時的青蛙，就算努力想跳出熱鍋，但為時已晚，最後便被煮死了；另有一隻青蛙，被直接扔進一鍋熱水裡，牠當下便受到強烈刺激，於是奮力一跳，成功保住性命。偉大思想家孟子的一句警世名言「生於憂患，死於安樂。」是這個實驗的最好詮釋。

《諸葛亮・戒備》提到：

夫國之大務，莫先於戒備。若夫失之毫釐，則差若千里，覆軍殺將，勢不逾息，可不懼哉！故有患難，君臣旰食而謀之，擇賢而任之。若乃居安而不思危，寇至不知懼，此謂燕巢於幕，魚游於鼎，亡不俟夕矣！傳曰：「不備不虞，不可以師。」又曰：「豫備無虞，古之善政」。又曰：「蜂蠆尚有毒，而況國乎？」無備，雖眾不可恃也。故曰，有備無患。故三軍之行，不可無備也。

這番話的意思是說，一個國家要有常備不懈的精神，一個國家的首要任務，沒有比防務更重要的了。一個國家如此，一支軍隊同樣如此，「三軍之行，不可無備。」不難了解，一個國家的用兵之道，不在於用兵打仗，最重要的在於日常的防備，這是保證國家安全的根本。如同諸葛亮的名言：「如果不能居安思危，敵人來了還不知警惕，那就猶如燕子把窩築在門簾上，把魚放在鍋裡游，滅亡的日子只在旦夕之間了！」

據《左傳・襄公十一年》記載：春秋時期，諸侯各國互相攻伐，戰事不休。晉、楚兩個大國為爭奪中原地區的霸權，更是經常發生衝突。

晉厲公在位時，由於沉迷酒色，信任奸臣，隨意殺害大臣，搞得晉國民心不穩，內亂不斷。因此，楚國的勢力漸漸占了上風。

西元前五七三年，晉大夫欒書、中行偃發動政變，殺死暴君厲公，並把住在國外的公子姬周接回國，擁立他為國君，稱晉悼公。悼公年輕有為，舉賢任能，革新朝政，節用民力，晉國又開始逐漸興盛起來。

當時，晉國北方散居著許多少數民族遊牧部落，被統稱為「戎狄」。這些部落民族經常出兵侵擾晉國邊境地區。西元前五六九年，無終部落的首領嘉父派使者孟樂帶著貴重的禮品來找晉大夫魏絳，托他引見悼公，請求晉國與諸戎結盟講和。

魏絳表示同意。晉悼公聽了魏絳的說明後，拒絕了戎狄的請求。

悼公對魏絳說：「戎狄貪而無親，只能靠武力解決。」

魏絳勸諫說：「現在中原地區的兄弟國家經常受楚國欺淩，往往被迫屈服，他們盼望著晉國去援助。如果我們對戎狄用兵，萬一中原有事，怎麼還有力量去對付呢？」

晉悼公覺得有道理，就採納了魏絳的意見，並且派他主管「和戎」事務。魏絳親自帶著使命到北方戎狄各部去，與諸戎締結了互不侵犯的盟約。從此，晉國基本上解除了後顧之憂，力量更加強大了。

當時的鄭國，雖然是和晉同姓的兄弟國家，但由於楚國一再出兵攻打，無力抵禦，只好背晉投楚。晉悼公非常惱火，決定會合宋、衛、齊、曹等十二國軍隊對鄭用兵，以示懲戒。

西元前五六二年九月，諸侯聯軍直逼鄭都新鄭東門。鄭簡公感到十分恐慌，馬上派王子伯駢去諸侯營中請罪求和。晉悼公同意講和。為了表示謝罪，鄭簡公給晉悼公送去了許多禮物，其中有三位著名的樂師、十六位歌伎，還有一批珍貴的樂器。

晉悼公感到十分高興，他想起了魏絳和戎的功勞，決定把鄭國送來的禮物分出一半，賞賜給魏絳。

魏絳聽後，謙遜地說：「這完全是君王的威德和各位大臣的功勞。古書上說：『居安思危』。能思就會有備，有備可以無患。君王如果能夠牢牢記住，就可以永遠享受今天這樣的歡樂了！」

晉悼公聽完魏絳的話之後，知道他時時刻刻都牽掛國家與百姓的安危，從此對他更加敬重。之後，晉悼公在魏絳的幫助下，順利完成了晉國的霸業。

所以說，在追求事業利益的同時，同樣需要考慮到失敗的一面和損失的一面，兩者兼顧，方能周全。居安思危，是每個人都應該具備的心態。人們處於安全的環境之下，應同時顧慮到危險困難的可能性，做好應對危險困難的準備，以及長遠的打算。居安思危與杞人憂天不同，後者比喻不必要或無根據的憂愁、擔心。我們提倡的是人要時時居安思危，而不是杞人憂天。

學會居安思危，讓人們在人生道路上能夠怡然自得。我們在生活中難免會遇到困難與挫折，甚至有時禍從天降。面對這一切，對於沒有準備的人來說，只能抱頭痛哭，怨天尤人；而對有準備的人來說，卻可能會因禍得福，柳暗花明，走出一片新天地來。如果說機遇只偏愛那些有準備的人，那麼禍神就只光臨那些沒有準備的人。會居安思危的人在困難降臨時，甩甩頭，聳聳肩，讓困難離他而去，沒有半點恐慌，他會說，「哈！多麼好的機會！」讓我們學會做好居安思危的打算，它會讓你轉危為安，從容面對一切事物。如此一來，我們的生活便能無憂無慮，怡然自得，歡樂度過一生。

「禍患常積於忽微，而智勇多困於所溺」，讓我們學會居安思危，不要耽溺於現有的歡樂與幸福之中，不要在遭逢禍從天降之時，才感歎於昨天的美好！

【原文】

孟子：「生於憂患，死於安樂。」

【譯文】

人因為憂患而得以生存，因為沉迷安樂而消亡。

10.取人之長，補己之短

三人行，必有我師焉。擇其善者而從之，其不善者而改之。

古人云：「取人之長，補已之短。」其實，學習別人的長處一直是中華民族幾千年來的優良品德。早在《論語》一書中就曾記載過：「三人行，必有我師焉，擇其善者而從之，其不善者而改之。」的確，如果每個人都認真學習別人的優點，改正自身的缺點與不足，好的習慣勢必會多一點，好的風氣也會多一點。只要能積少成多，我們社會上便會處處綻放良善的風氣。

孔子的「三人行，必有我師」的觀點被後人所廣泛推崇，並常加以引用。孔子多次向弟子們明示「知之為知之，不知為不知。」知道就是知道，不知道就該承認，不可以不懂裝懂。在人稱頌孔子的學問時，孔子自謙地說「我非生而知之者，好古，敏於求之者也。」意思是：「我並非一出生就知曉一切學問，我只是好樂古聖人的學問，勤勤懇懇學習求知罷了。」沒有人是一生下來就博學多才，大家都是靠後天努力學習才獲取學問。

學習要舉一反三，學人之長，知錯就改。顏回是孔子的得意門生，孔子多次表揚他能「聞一知十」。孔子強調「不憤不啟，不悱不發」，「舉一隅而不以三隅反，則不復也。」學要學人之長，他說「見賢思齊焉，見不賢而內自省也」。

歷史上哪一個名垂千古的英雄人物不是學習別人的優點，吸取別人的長處，來改正自己的缺點，才成就了一段輝煌歷史？就連神機妙算、精明機智的諸葛亮，也曾經在軍事作戰中向劉備學習戰略戰術，欣賞劉備抓住戰機、幹練果斷的優點，這是怎樣的氣度、怎樣的胸懷啊！然而，在現實生活中，「三人行，必有我師焉。」這句無人不曉的名言，真正能做到的又有幾人呢？每個人都常犯的一個通病，就是往往看到自己的缺點少，他人的缺點多，再不，就是看自己的優點多，他人的優點少；更甚者，則是只看到自己的優點和他人的缺點，看不到自己的缺點和他人的優點；而且愛拿自己的長處與他人的短處比較。在與人相處中，就表現為對優於己、強於己者不服氣；對有缺點錯誤者則盡是鄙視、嫌棄的態度；凡事嚴於責人而寬於責己。這樣的態度，既堵塞了向他人學習的道路，也難以提升自己，而且總不免影響人際間的和諧，更遑論是能把事情做好了。

每個人都有長處和短處。謙虛的人善於發現別人的長處；自滿的人往往只看到自己的長處，看不到自己的短處。要想成功，只靠一己之力是不能實現的。人們常說：一個成功人士的背後，一定有一雙雙無形的協助之手。因此，取人之長，補己之短，可謂是成就偉業的一個良策。

看到別人的優缺點為「明」，看清自己的長短處為「智」，「智」的境界要高於「明」，所以明白人很多，而明智的人卻很難得。大至社會小至個人，不用說達到明志的境界，只要是追求明智的人能越來越多，就是不小的進步。

只要你善於學習，懂得取別人所長補己之短，努力追求上進，總有一天會成為一個有智慧的人。不管在什麼地方，也不管對象是自己的上司或下屬，只要能主動傾聽別人的想法，你將會發現，自己總能從別人的意見獲得啟發，也總能學到有利於自己成長的經驗。不要顧忌對方是你的下屬，不恥下問，會讓你的下屬更敬佩你。要記住「山外有山，天外有天」。別人身上可能擁有你沒有的優點，而虛心學習對方的長處，便能彌補你的不足。

古人說過「馬看不見自己的臉長，羊看不見自己的角彎」。意思是說，有些人總是看不到自己的缺點，總是拿自己的長處與別人的短處相比較，總是躺在自己昨日輝煌的成績上睡大覺，不思進取。我們應該正確認識自己的長處，發現自己的短處，吸取別人的長處，彌補自己的短處。

我們不一定要與大師們同行，在我們的周圍，也會有值得學習的人和事。俗話說：「三個臭皮匠，勝過一個諸葛亮。」只要秉持著虛心好學的態度，我們隨時隨地都可以從別人那裡，學到所需要的知識、道理及本領。與大師同行，則是可以站在巨人的肩膀上，看得更遠。大師可以帶領我們感受中國文化的博大精深，並體驗到大師高尚人格的影響和薰陶。

【原文】

子曰：「三人行，必有我師焉。擇其善者而從之，其不善者而改之。」

【譯文】

孔子說：「三個人在一起走路，一定有人可以做我的老師；選擇他們的長處來學習，如果他們的短處，自己也有的畫，就要改掉。」

11.多替他人著想

己所不欲，勿施於人。

孔子說：「己所不欲，勿施於人」。這是孔子所主張的處世原則，這句話也道出了做人的真實意義。

孔子的弟子子貢曾經詢問孔子：「有沒有一個原則，是我們終身都應該遵守執行的。」孔子說：「寬恕」。寬恕的意思是說「己所不欲，勿施於人」，也就是說，自己不願意承受的事情，也不要強加給別人。與這個原則相伴隨的是，孔子主張：自己想要達到的目標，也要幫助別人達到；不願意別人以某種方式對待自己，自己就首先不要用這種方式對待別人。

孔子認為，這個原則，是實行仁義的重要途徑。如果每個人都從這裡入手，就有可能成為一個具有仁義道德的人。這個原則發展到近代，就是要設身處地地替別人著想的意思。一個人要做任何事情之前，首先要想一想：「假如自己處在這樣的地位，將會怎麼做？」以這樣的思維出發，就可能使問題得到比較正確的處理。

「己所不欲，勿施於人」，就是用自己的心推及別人；自己希望怎樣生活，就想到別人也會希望怎樣生活；自己不願意別人怎樣對待自己，就不要那樣對待別人；自己希望在社會上能站得住，能通達，就要幫助別人站得住腳。總之，從自己的內心出發，推及他人，去理解他人，對待他人。

為什麼有人會如此友善地考慮到其他人呢？

真正的原因是：自己種下什麼因，收穫的就是什麼果。

播種一個行動，你會收到一個習慣；播種一個習慣，你會收到一個個性；播種一個個性，你會收到一種命運；播種一個善行，你會收到一個善果；播種一個惡行，你會收到一個惡果。

你有權利不公允地對待其他人，但你這種不公允的態度，將會使你自食其果。進一步地說，你所釋放出來的每一種思想的後果，都會回報到自己身上。因為你對其他人的所有行為，以及你對其他人的思想，都經由自我暗示的原則，而全部記錄在你的潛意識中，這些行為和思想會修正你自己的個性，而你的個性相當於是一個磁場，把與你個性相同的人或處境帶領到你身邊。

己所不欲，勿施於人。為別人著想，別人也會為你著想，真誠才能換得真心。生活中如果人人都能做到這一點，世界才會更加和平、安寧，生活才會更加和諧，充滿快樂。

【原文】

子曰：「己所不欲，勿施於人。」

【譯文】

孔子說：「自己所不喜歡的東西，就不要強加在別人身上。」

12.做人不妨糊塗點

寧武子邦有道則知，邦無道則愚。其知可及也，其愚不可及也。

鄭板橋在濰縣當官時，題過幾幅著名的匾額，其中最為膾炙人口的是「難得糊塗」。

「難得糊塗」四個字是鄭板橋在山東萊州的雲峰山寫的。那一年，鄭板橋專程至此觀鄭文公碑，因盤桓至晚，不得已借宿於山間茅屋。屋主為一儒雅老翁，自命糊塗老人，出語不俗。他室中陳列了一方桌般大小的硯臺，石質細膩，鏤刻精良，板橋大開眼界。老人請板橋題字以便刻於硯背。板橋以為老人必有來歷，便題寫了「難得糊塗」四個字，用了「康熙秀才雍正舉人乾隆進士」的方印。

因硯臺過大，尚有餘地。板橋說老先生應寫一段跋語，老人便寫了「得美石難，得頑石尤難，由美石而轉入頑石更難。美於中，頑於外，藏野人之廬，不入富貴之門也。」他用了一塊方印，印上的字是「院試第一，鄉試第二，殿試第三。」板橋大驚，知道老人是一位隱退的官員，細談之下，方知原委。

有感於糊塗老人的命名，板橋當下見還有空隙，便也補寫了一段：「聰明難，糊塗尤難，由聰明而轉入糊塗更難。放一著，退一步，當下安心，非圖後來報也。」

做任何事情，拿得起放得下，堪稱悟透了人生。聰明的人往往拿得起放不下，身枯力竭仍在拼命。難得糊塗，方是人生佳境。

糊塗學是一種大智慧。這個智慧就是給你一顆自由的心，用這顆自由的心去重新審視世界和人生，寧靜以致遠，淡泊以明志，以出世的態度去過人世的生活，以無為的心態去持有為的事業。

糊塗好在什麼地方？它是一種隨方就圓，遊刃有餘的人生智慧。不處處爭先，且留一線寬處於人前，或自退一步，不執著於某事，得一人生寬境；路遇崎嶇讓三分，不執著於某時，展人生坦途。於是，糊塗可以作為人生的潤滑劑，達觀得人即可抽身事外，來去自如，通達無礙。

三國時代的諸葛先生其實最累，也確實像他的述職報告書裡寫的那樣，親力親為，他是很聰明的，從來不糊塗，但他的聰明，也導致他有太多放不下很多東西，讓他永遠成不了君王，因為他不懂得適當的下放權力，讓自己能夠去做更多的事情。而劉備之所以成為君王，自然是因為他的氣度超出諸葛先生一籌，劉備懂得吸引人才，並提供人才合適的位置，讓人才放手去做。所以諸葛聰明也只能居於人下，劉備的大智慧能統籌全局。一個人是做不盡天下事的，看清事實，有的事要全力以赴，有的事還是要糊塗一點，該放手就一定要放手，做好自己的本分，這樣，才能做成大事。

在處理人際關係上「糊塗一點」的人，是比較灑脫的人。

宋朝的呂蒙正剛任宰相不久，有一位官員在簾子後面指著他，對別人說：「這個無名小子也配當宰相嗎？」

呂蒙正假裝沒有聽見，大步走了過去。他的隨從為他忿忿不平，準備去查問是什麼人敢如此膽大包天。

呂蒙正知道後，急忙阻止了他們。對他們說：「如果一旦知道了他的姓名，那麼就一輩子也忘不掉。這樣的話，耿耿於懷，多麼不好啊！因此，不要去查問此人姓甚名誰。其實，不知道他是誰，對我並沒有什麼損失。」

當時的人都佩服他氣量恢宏。曾有人向宋太宗打小報告說：「呂蒙正為人糊塗。」

宋太宗說：「呂蒙正小事糊塗，大事不糊塗。正因為此，才適合幹宰相。」

人生在世，功過得失，他人難免說三道四，道短論長，何必為此斤斤計較而浪費精力？「糊塗一點」，可以減少多少煩惱！一生當中，我們不知要與多少人交往，如果遇到無傷大雅、無關原則的事，其實不妨裝聾作啞一番，豁達大度一些，自己心裡也會輕鬆一些。

糊塗是一種境界，也需要大智慧，看得遠，忍得氣，收放自如。給自己一個放鬆的空間，但又不會太委屈自己，人要是學會了糊塗，人生路才能走得更穩、更長。

俗語說：「大智若愚。」糊塗是一種大智慧，它不是昏庸，不是愚昧；相反的，它是一種氣度，一種修養，一種智慧。《昭明文選》中提到：「水至清則無魚。」世上有些事情必須是非確鑿，涇渭分明，而有些事情卻不必太過在意，甚至還需裝點糊塗。

歷史上有「狡兔死，良狗烹；飛鳥盡，良弓藏；敵國破，謀臣亡」的說法，意思就是一個人要善於急流勇退，不能一直逞強、聰明下去，該糊塗時要堅決糊塗。一個人要想過得風平浪靜、和和睦睦，贏得人際關係，就應做到「稍微糊塗」。怎樣才能做到「稍微糊塗」呢？要做到「稍微糊塗」，就是對人要擅見其長，不拘泥小節；對事能總攬全局，不捨本逐末；在處理大是大非的問題上能夠堅持原則，分清是非，顧全大局，頭腦清醒，屬守道義，避惡從善；在無關緊要的小事上，則不作過多計較，不寸利必爭，不小題大做，而是任其自然。每個人，要把握好「糊塗」的分寸，否則便是真正的糊塗。事情有大小之分，處理的方法也應該因事制宜，不可事無鉅細，硬是使用同一種方式。

【原文】

子曰：「寧武子邦有道則知，邦無道則愚。其知可及也，其愚不可及也。」

【譯文】

孔子說：「寧武子這人，當國家政治清明的時候，便發揮他的聰明才智；當國家政治黑暗的時候，便做出一副愚笨的樣子。他的那種聰明是人們可以趕得上的，他的那種愚笨卻是沒有人能夠趕得上的。」

13.不怨天尤人

不怨天，不尤人。

面對挫折，人們無不希望將挫折轉化為坦途，贏得人生輝煌，但要戰勝挫折，關鍵在於自身的發憤圖強，努力奮鬥。古諺曰：「失敗是成功之母，苦難乃人生財富。」其本意在於引導人們正面迎接挫折，吸取人生教訓，理性地調整自己，積極尋求戰勝挫折的方法。讓挫折轉化為「人生的良師」，引發我們把壞事轉變為好事，一步一步走向成功。如果在挫折面前消極忍耐，怨天尤人，甚至自暴自棄，那麼苦難永遠是苦難，挫折始終是挫折，你將永遠生活在痛苦之中。

唐‧王勃〈滕王閣序〉提到：「老當亦壯，寧移白首之心；窮且益堅，不墜青雲之志。」初唐四傑之一的王勃，可謂：「時運不濟，命途多舛，」然而面對挫折，他卻能達人知命，笑看人生。試想，如果沒有王勃開朗闊達的胸襟，哪能有他吟放出「海內存知己，天涯若比鄰」的千古絕唱？

挫折就像萬物之於重力一樣，不可避免。我們從呱呱墜地之日起，便「立」誓要與挫折白頭偕老，它將與我們終生相伴。既然挫折無處不在，我們該如何來戰勝它呢？

寫出「安能摧眉折腰事權貴，使我不得開心顏。」的浪漫詩仙李白，在遭遇仕途不順的挫折後，他沉寂了嗎？消沉了嗎？沒有。他「長安市上酒家眠」，笑對痛苦，面對挫折，他拂袖而去，遍訪名山，終於成就了他千古飄逸的浪漫情懷！

偉大的學者蘇格拉底一生遭受不少挫折，但他能與之「朝夕相處」，倚靠的也是積極樂觀的態度。

蘇格拉底還是單身人士時，和幾個朋友擠在小屋裡。儘管生活不便，但他總是樂呵呵的。他說：「朋友們在一塊兒，隨時隨地都可以交換思想，交流感情，這難道不值得高興嗎？」

過了一段時間，朋友相繼成家，先後搬了出去。屋子裡只剩下蘇格拉底孤單一人，但他仍然很快活。他說：「我有很多書啊！一本書就是一個老師。和那麼多老師在一起，時時刻刻都可以向他們請教，這怎麼不令人高興呢？」

我們要學會在挫折中奮起，在挫折中走向成功。如果無法從挫折中奮起，便會在挫折中滅亡。人的一生，不如意事十常八九。但無論遇到什麼樣的艱難困苦，都不要失去對生活的熱望和對美好事物的追求，同時必須為之長期不懈地努力奮鬥，堅持下去，命運終將會回報給你幸福的微笑。

面對生活上的種種不便，種種挫折，我們需調整合適的心態與之相對，這樣才能活出自己的精彩，而不因挫折而碌碌無為。

正如柏拉圖所說：「決定一個人心情的，不在於環境，而在於心境。」挫折何嘗不是一種客觀環境呢？任何對挫折的不滿和怨天尤人都是無濟於事的，而我們能做的，就是及時調整心態，坦然處之。

人生在世難免遇到挫折，有的人把挫折視為成長的階梯，在挫折中變得日漸成熟和睿智，從而成就了一番事業；有的人害怕挫折，在挫折面前怨天尤人，任由事情往更壞的方向發展，最終碌碌無為，一事無成。

其實，挫折是上天饋贈給我們的一份厚禮，我們可以從中學到很多東西，正所謂「經一事，長一智」。孟子說：「天將降大任於斯人也，必先苦其心智，餓其體膚，空乏其身，行拂亂其所為……」古今中外，大凡有所建樹的人，莫不是吃盡苦中苦的智者。司馬遷在《史記》

中提到：「文王拘而演《周易》，仲尼厄而作《春秋》，屈原放逐，乃賦《離騷》；左丘失明，厥有《國語》；孫子臏腳，兵法修列；不韋遷蜀，世傳《呂覽》；韓非囚秦，《說難》、《孤憤》」，現代的著名例子，為全球華人首富李嘉誠，他年輕時一貧如洗，經過艱苦的磨礪和不懈的努力，終於成就了事業的輝煌……這樣的例子不勝枚舉。天下沒有免費的午餐，也不會無緣無故掉下餡餅，你不付出十倍於常人的努力，就不會獲得令人矚目的成功。這些傑出人物，沒有一個是一帆風順走向成功的。在失敗和不幸面前，他們無不選擇了發憤圖強之路，一個個奮起與人生的逆境抗爭，緊緊扼住命運的咽喉，做生活的強者，最終透過自己的艱苦奮鬥，贏得命運女神的青睞。

由此，面對挫折，我們不應過分地沉迷於痛苦失意的陰影而無法自拔；面對挫折，我們不應整日耽溺於悲傷痛苦的泥陷；面對挫折，我們不應長期頹廢不振而迷失眼前的方向。遭遇挫折，縮小痛苦，才是明智的選擇。相反的，若是一味沉迷於挫折的痛苦中，後果將不堪設想。

人生之路，機遇與挑戰並存，成功與失敗相連。我們所應做的就是善待人生，嚮往追求成功，絲毫不懼怕失敗。我們不一定能擁有一個美麗的風景，但絕對可以創造出美好的心境，以此努力追求，如此一來，在前方迎接我們的，將會是坦蕩的曠野和蔚藍的天空。

【原文】

子曰：「不怨天，不尤人。」

【譯文】

孔子說：「遇到挫折與失敗，絕不去找藉口，也不把責任推給別人。」

14.以身作則

其身正，不令而行；其身不正，雖令不從。

以身作則，「則」乃準則、榜樣，用自己的行為來體現準則，做出榜樣。榜樣是做給下屬看的，是做給你任命的人們看的，所以，「以身作則」不是憑空的一句口號，它有其存在的環境和條件，以身作則，做好榜樣，你的人格才會深入人心。

王翺是明朝成祖至景帝連續五朝的廉吏，在他七十歲時，被任命為吏部尚書，直到去世。他身居官場幾十年，儘管位高權重，但他始終保持公正、廉潔的品德。

王翺身居「銓衡重地」，負責的是官員的任用和提升，他能用人為賢，深知官吏賢能與否直接關係到國家政權的穩固。他說：「如果能選對做事的人，那麼這件事就能夠做得非常順利；如果能選對治理地方的官，那麼一個地方就能平安。」所以他對選拔官吏極為慎重。在封建官場上請托之風很是盛行，吏部更是鑽營的重點對象。

但王翱卻「以用賢報國為己任」，決不拿手中的權力作交易。對權勢者的囑託，他都「毅然拒之，辭色俱厲」。為了防止別人登門拜謁，他在公務之外的時間常宿於官署，很少回家。所以在他任職期間，家中一律不見私客，想走後門的人從不敢向他開口，歷史上評價他是「門無私謁，權勢請托不敢行」。

王翱的清廉不僅表現在忠於職守上，還表現在治家有法上。他身居朝堂，手握重權，但對自己要求卻很嚴，經常穿著破舊衣服，其他官員看到他行事節儉，也就不敢在他面前有奢華的作風。一次，明英宗召見王翱，見其衣服破損，問其中原因，王翱只好說是當天偶爾穿了這件衣服，剛才接到召命沒有來得及更衣。英宗感慨不已。對於錢財王翱更是「淡然無欲」，他曾與某監軍太監共事，兩人關係很好，後他改任兩廣總督，臨行前，太監以四顆西洋明珠相贈，王翱堅決不收。

太監哭著說：「這些明珠不是受賄所得，而是先皇將鄭和所購得的西洋明珠賜給身邊侍臣，我得了八顆，現將其中一半相贈做為紀念。」王翱只好收下，但卻把這四顆西洋明珠縫在棉襖中。後來王翱奉命還朝掌吏部，此時這個太監已死，王翱找到其兩位侄子，了解到他們生活困難後，隨即將從未動過的棉襖拆開，拿出明珠轉贈他們。

王翱對家人要求也很嚴格。他的一個孫子得到皇帝恩准入太學。一年秋試，這位才華平庸的孫子也想一試科場，企圖金榜題名。於是他拿著從相關部門走後門得到的試卷，來請求自己的爺爺幫忙，王翱堅決反對，說：「如果你確實有才華，我當然不阻止你一試身手；但是如果讓你一個平庸之輩中選，勢必埋沒一個真正有才能的人。」說完，就撕了考卷，扔進了火爐。

在原則面前，王翱對家屬是寸步不讓。王翱有一個女兒，嫁給了在京郊做官的賈傑。王翱夫人十分喜愛這個女兒，經常接女兒回家省親。

每當妻子臨行前，賈傑就在她面前埋怨，「岳父把我調回京城，易如反掌，還哪裡有這麼多麻煩。」女兒將此事告訴了母親，母親也覺得有幾分道理。

一次，王翱夫人乘王翱開懷暢飲之際，婉轉請求將女婿調入京城。誰知王翱大怒，拿起案上酒杯向夫人擲去，打傷了夫人臉面。直到王翱去世，賈傑也沒有被調回京城。

儘管封建社會的官場腐敗比比皆是，但像王翱這樣，記得秉公辦事，憂國憂民的官員也不在少數，他們給後人留下的精神，是傳統文化的驕傲。

言行一致，以身作則，透過日常行動來說明自己認同某種信念、相信某些東西，你就會擁有一種力量，一種吸引的力量。當你做到這些，你就能成為精神上的領袖，影響別人，帶領別人共同實現夢想。

【原文】

子曰：「其身正，不令而行；其身不正，雖令不從。」

【譯文】

孔子說：「在上位的人如果清正廉明，不用發佈政令，人民也會按照他的意圖去做；如果他本身不清正廉明，即使強下政令，人民也不會服從。」

15.不賣弄小聰明

群居終日，言不及義，好行小慧，難矣哉！

聰明，意為耳聰目明；智力發達，記憶和理解能力強。小聰明，意為在小事情上顯露出來的聰明。

前者為褒意，常用作表揚和肯定，也是人們在學習、工作、生活中所期望得到的評價。後者多為貶意，常用於那些自作聰明、自以為是，而人們所不齒的人。

小人物被小聰明所誤，容易變得張狂，迷失了自己，走路辨不出南北西東，做事不知道天高地厚，小聰明本身就具有一種難以抹滅的悲劇色彩。

據說，鹿怕山狸，山狸怕老虎，老虎怕馬熊。楚國有個獵人，打獵的本領不強，但他會耍小聰明。他用竹管削成口哨，能逼真地模仿各種野獸的叫聲。他常學羊叫、鹿鳴，把黃羊、梅花鹿引到跟前捕殺。

有一次，他又帶著弓箭、火藥等工具上山了。他用口哨吹出鹿鳴的聲音。沒想到，逼真的鹿鳴聲把想吃鹿肉的山狸引出來了。獵人嚇了一跳，連忙吹出老虎的吼叫聲，把山狸嚇跑了。但逼真的虎吼又招來一隻餓虎。獵人更慌了，急忙吹出馬熊的吼聲，把老虎嚇跑了。他剛想喘一口氣，一隻張牙舞爪的馬熊聞聲尋來。這個只會耍小聰明的獵人再也吹不出別的野獸叫聲來嚇唬馬熊了。他魂飛魄散，癱成一團，聽任馬熊撲上來，把他撕成了碎塊兒。

獵人不靠打槍行獵，而靠吹哨子「騙獵」，實在滑稽，但在我們周遭，類似的人物、類似的現象卻並不罕見。我們做任何事情都要憑真本事，靠踏踏實實的勞動、不能靠小聰明、靠矇騙，否則，就要像這個獵人一樣，落得可悲的下場。

三國中的楊修，很聰明，但他聰明外露，太賣弄。他的聰明就是落在生活的小細節，有一次他和曹操看到蔡邕所題的曹娥碑，有「黃絹」、「幼婦」、「外孫」、「齏臼」八字，曹操讀了以後，不明其意，而這八個字的意思，楊修已經猜著。

曹操對楊修說「容我想一想」，兩人走了三十里之後，曹操恍然大悟，問楊修所想到的是什麼？楊修回答：「絕妙好辭」。兩人一對照，確認所想的一致。曹操說：「吾智不及君，相去三十里。」意思是：我的才能比不上你，我走了三十里，才想出這碑文的意思，而你在三十里之前，就知道答案了。

還有一次造園，曹操看後不發一言，只在門上寫一「活」字。眾人不明白，楊修為曹操解釋：「丞相說門太寬大了，門內加活字不是闊嗎？」

改好後，曹操知有人猜出，心中一笑。

又一次，曹操差人送來一盒禮品，曹操在盒上寫「一合酥」，沒想到楊修看到，即與眾人分吃了，操問其故，答：「丞相均旨，『一人一口酥』，誰敢違命？」

還有一次，曹操怕人暗殺，想出一計，「我夢中好殺人，睡時不要靠近我。」一日白天小憩，落被於地，一個侍者上前拾被再蓋，忽曹操一躍而起拔劍殺了他，完後又上床睡了。一會兒「醒」來，大聲說：誰殺了我的近侍？眾人以實對，他哭了，命人厚葬，人們都以為曹操果然好夢中殺人，不敢夜裏靠近他。

臨葬時，楊修對死者歎氣，說道：「丞相非在夢中，君乃在夢中耳！」曹操聽聞，心裡一驚，他心想，自己費盡心思故弄玄虛、用來震懾屬下的技倆，卻被楊修當眾拆穿！楊修的舉動，當下觸犯了曹操的禁忌，為自己留下了殺身之禍。楊修一次次賣弄小聰明，發展到洩露他心中的秘密，這便讓曹操忍不住開始想辦法除掉這個人了。

有一次，曹操在漢中前線，對此戰役曹操相當為難，因為「戰下去困難，無利；退，讓劉備輕鬆得漢中又可惜」，此種矛盾心理在曹操的口令中無意間透露了出來。傳令兵問當夜的口令，曹操隨口答「雞肋」，楊修捕捉到曹操心中的隱密，便對他人說：此仗食之無「肉」，丟掉可惜，但終歸沒什麼大利，退軍是肯定了。

後來曹操得知楊修的舉動，心中惱怒，便立下了要殺他的決心。

一代智者楊修就這麼死掉了，他死在自己的過分聰明上，臨刑，他與故人說：「我固自以死之晚也。」凡有聰明才智的人，如不真正做點實事，學點真才實學的學問，是難於在社會立足的。

【原文】

子曰：「群居終日，言不及義，好行小慧，難矣哉！」

【譯文】

孔子說：「一群人整天聚在一起，談的都是與道義無關的話，喜歡賣弄小聰明，這樣的人，很難走上正道！」

第二章

生活中的老子智慧

道家思想創始人——老子，他的智慧具有鮮明的理性色彩。他倡導的自然無為、柔弱不爭、崇儉寡欲的思想，在中國歷史上一直閃爍著智慧之光，直到如今，仍具有指標性的意義。道家思想有助於們正確地處理人際關係，做好心理調適，決定行事的方向，豁達地面對人生道路上的許多問題。老子的人生智慧，為我們朝向完美的人生之路上，提供肥沃、厚實的精神土壤。古代人的大智慧是豐厚的精神財富，讓我們將老子的智慧轉化為我們個人的智慧，達到心境的安定。

1.人貴有自知之明

知人者智，自知者明。勝人者有力，自勝者強。

知，就是能夠自己認識自己。「人貴有自知之明」，老子認為，一個人能夠認識他人，是智慧的表現；而能夠認識自己，才是真正的聰明。

中國有句名言：「人貴有自知之明。」在古希臘一座智慧神廟大門上，也刻印著這樣一句箴言：「認識你自己。」古希臘人將這句話奉為「神諭」，視為最高智慧的象徵。可見，自知之明對人生，乃至於全人類，都是何等的重要！

自知之明，就是自己能了解自己，自己能認識自己。一個人，如果清楚自己的能力、性格和興趣，知道自己適合做什麼、能夠做什麼，並善於將自己的事情做好，是很可貴的；對於自己無法做到的，或是不擅長的事情，能夠適當地迴避，也是理所應當的。

一個人是因為愚蠢，所以沒有自知之明？還是由於欠缺自知之明，而變得越來越愚蠢？無論如何，沒有自知之明的人，並不知道自己欠缺自知之明，因為，他們沒有足夠的聰明智慧去了解自己，也可能因而毀了自己。

三國時期的曹操，是個文韜武略的人，從鎮壓黃巾起義起家後，他平定了各路諸侯、統一了北方，成為當時最大的軍閥。這時南方的孫權為了自己的利益給曹操寫了一封信，勸他廢掉當時的皇帝取而代之。

曹操是個很有頭腦的人，他看穿了孫權的用心，大笑著舉起信對部下說：「是兒欲使吾居爐火上耶！」意思是：這小子想把我放到爐火上烤呀！後來曹操權傾朝野，滿朝文武無不出自門下。當時的漢獻帝實際上成了個空架子，曹操仍然說：「若天下在吾，吾為周文王足矣」。可見曹操是很有自知自明的，他很清楚自己的家族都是漢家的忠臣，自己也做了一輩子漢家臣子，如果篡位當了皇帝，是會招人罵，甚至會成為眾矢之的。

另一個歷史上的大人物朱元璋也很會掌握分寸，在封建割距遍地烽煙的元末，他的軍事力量已占絕對優勢的情況下，仍然聽從一個書生九個字的意見：「高築牆，廣積糧，緩稱王」，最後殲滅群雄，建立了強大的大明朝。

一位哲人說過：「人越是高貴，對自己的評價就越是謙虛。」的確，越是有成就的人就越清楚自己要的是什麼，自己不能要的是什麼。一個寓言說得好：一隻青蛙以為把肚皮鼓得大一點就能成為大個子，結果把肚皮撐破了，也無法改變自己原本的面目。

事實上也是如此，世界上沒有人的本質才能是高於他人的。任何一個人，即使擁有某方面的特殊造詣，但也不代表他已經徹底精通。因此，做人一定要有自知之明，不要被別人的恭維輕易打動，做任何事，務必在對自身的了解之下進行才是。

愛因斯坦是二十世紀世界上最偉大的科學家之一，他的相對論以及在物理學界的研究成果，留給我們一筆取之不盡、用之不竭的財富，但他在有生之年仍不斷地學習、研究。

有人去問愛因斯坦，說：「您可謂物理學界的空前絕後，何必還要孜孜不倦地學習呢?為何不舒舒服服地休息呢?」

愛因斯坦並沒有立即回答這個問題，而是找來一支筆、一張紙，在紙上畫上一個大圓和一個小圓，說：「在目前情況下，在物理學這個領域裡，我可能比你懂得略多一些。正如你所知的是這個小圓，我所知的是這個大圓，然而整個物理學知識是無邊無際的。小圓的周長小，也就是與未知領域的接觸面小，所以感受到自己的未知少；而大圓因為周長較長，與外界接觸的範圍較大，所以會感受到自己的未知事務多，會更加努力地去探索。」

由此可以證明：「自知」是做人的基石；只有切實做到「自知」，才能掌握自己，掌握人生。既不好高騖遠，妄自尊大，又不妄自菲薄。只有切實做到「自知」，才能誠誠實實做人，腳踏實地做事。只有客觀地認識自己，清楚自己的優點與缺點，才能明白自己的能與不能，才能發掘自我潛力，進而超越自己。倘若，一個人真的做到了自知之明，也就真正悟出了做人的道理，進入了人生可貴的境界。

【原文】

知人者智，自知者明。勝人者有力，自勝者強。

【譯文】

能了解、認識別人叫做智慧，能認識、了解自己才算聰明。能戰勝別人是有利的，能克制自己的弱點才算剛強。

2. 人生需要留白

> 三十輻，共一轂，當其無，有車之用。埏埴以為器，當其無，有器之用。鑿戶牖以為室，當其無，有室之用。故有之以為利，無之以為用。

韓非子的《說林・下篇》中有一句話：「刻削之道，鼻莫如大，目莫如小；鼻大可小，小不可大也。目小可大，大不可小也。舉事亦然，為其不可複也，則事寡敗已。」這番話的意思是說：工藝木雕的要領，首先在於鼻子要大，眼睛要小，鼻子雕刻大了，還可以改小，如果一開始便把鼻子刻小了，就沒有辦法補救了。同樣的道理，初刻眼睛時要刻小，刻得小了還可以加大。如果剛開始雕刻時，就把眼睛刻得很大，後面就無法修小了。

為人處世，常留三分餘地，如此既是給對方，更是為自己留下了一個寬鬆而自在的空間。人生需要留白，留三分為他人設想，尚存幾分善意品嚐思量，才能感悟其中的滋味，淡泊而久長。人與人之間若是沒有空間，便會感到壓抑、窒息，給予別人美好的空間，也就是為人處世的留白。

古語說得好：「得饒人處且饒人」。如果你得理不饒人，把對方趕盡殺絕，你便在對方心中種下仇恨的種子。

有好口才不是壞事，如果運用不當，就是壞事了。有好口才再加上一顆寬容的心，你的人生之路將會暢通無阻。巧言幾句，不僅皆大歡喜，也落個好人緣，何樂而不為呢？

一位高僧受邀參加素宴，席間，發現在滿桌精緻的素食中，有一盤菜裡竟然有一塊豬肉，高僧的隨從徒弟故意用筷子把肉翻出來，打算讓主人看到，沒想到高僧卻立刻用自己的筷子把肉掩蓋起來。一會兒，徒弟又把豬肉翻出來，高僧再度把肉遮蓋起來，並在徒弟的耳畔輕聲說：「如果你再把肉翻出來，我就把它吃掉！」徒弟聽到後，再也不敢把肉翻出來。

宴後高僧辭別了主人。歸途中，徒弟不解地問：「師傅，剛才那廚子明明知道我們不吃葷的，為什麼把豬肉放到素菜中？徒弟只是要讓主人知道，處罰處罰他。」

高僧說：「每個人都會犯錯誤，無論是有心還是無心。如果讓主人看到了菜中的豬肉，盛怒之下，他很有可能當眾處罰廚師，甚至會把廚師辭退，這都不是我願意看見的，所以，我寧願把肉吃下去。」

在日常生活中，留一點空間給他人，給對方臺階下，少講兩句，得理饒人，人際關係也得以緩衝，進而做到相互包容。忍，不是懦弱的表現；忍，是勇者的象徵。只要能夠凡事忍耐，不逞一時之氣，必能成功。否則，不但化解不了眼前的這個「敵人」，還會讓身邊朋友與自己漸行漸遠。

西漢末年，劉秀大敗王郎，攻入邯鄲，檢點前朝公文時發現大量奉承王郎、辱劉秀，甚至謀劃誅殺劉秀的信函。

劉秀對這些信件視而不見，不顧眾臣反對，全部付之一炬。他說：「如果追查，將會使很多人恐慌，甚至成為我們的死敵。而不計前嫌，可化敵為友，壯大自己的力量。」

放對方一條生路，給對方一個臺階下，為對方留點面子和立足之地，這樣做並不是一件難事。如果能夠確實做到，還能為自己帶來很多好處。相反的，如果一味的得理不饒人，讓對方走投無路，就有可能激起對方不擇手段的心態，因而對你造成一定的傷害。放對方一條生路，這樣的做法，對你來說沒有太多影響，即使是對方理虧。之後，他會對你心存感激。就算這個人對你未能心存感激，也不太可能與你為敵，這是人的本性。

這個世界很小，變化卻很大，若哪一天兩人再度狹路相逢，到時若他勢強而你勢弱，試想對方會怎麼對待你呢？得理饒人，也是為自己留條後路。今日社會，需要人人有肚量去容忍對方、接納對方，忍一時之氣，不僅能和諧人際關係，也不會鑄下憾事。

【原文】

三十輻，共一轂，當其無，有車之用。埏埴以為器，當其無，有器之用。鑿戶牖以為室，當其無，有室之用。故有之以為利，無之以為用。

【譯文】

三十支車輪輻匯集到中間的轂，有了車轂中空的地方，才有車的作用。揉和陶土做成器皿，有了器具中空的地方，才有器皿的作用。開鑿門窗建造房屋，有了門窗四壁內的空虛部分，才有房屋的作用。所以，「有」給人便利，「無」發揮了它的作用。

3.寵辱不驚

寵辱若驚，貴大患若身。何謂寵辱若驚？寵為上，辱為下，得之若驚，失之若驚，是謂寵辱若驚。

「寵辱不驚，安貧樂道」是一門生活藝術，更是一種處世智慧。人生在世，生活中有苦有甜，有榮有辱，這是人生的尋常際遇，不足為奇。古人說：「君子坦蕩蕩。為君子者，無妨，寵亦坦然，辱亦坦然，豁達大度，一笑置之。」得人信寵時勿輕狂，莫忘「賀者在門，吊者在閭」；同樣，在受人侮辱時忌激憤，也要猶記「吊者在門，賀者在閭」。如此清醒應對，便不難達到「不以物喜，不以已悲」的思想境界。古往今來萬千事實證明，凡事有所成就者無不具有「寵辱不驚」、「安貧樂道」這些如此寶貴的品格。

唐朝時，有個叫盧承慶的人，字子餘，幽州涿人。他在朝廷擔任「考功員外郎」，就是負責考核官吏的業績功過。

有一次，一艘運送糧食的船隻發生事故沉沒了。盧承慶在負責評定此事的官吏考績時，把他定為「中下」等級，並把這一決定告訴了此官吏，沒想到這個官吏沒有絲毫的怨恨和不高興。

後來，盧承慶想到，船隻沉沒是意外事故造成的，並非全是這個官吏的責任，於是為此官吏更改為「中中」。這個官吏知道後，仍舊非常平靜，並沒有因此感到欣喜。

盧承慶見這個官吏能夠如此寵辱不驚，對其大加讚賞，於是將其考績定為了「中上」。

人生在世，必然有得也有失，有榮亦有辱，能夠以隨其自然、淡泊平和的心態去面對，就像古人說的「寵辱不驚，看庭前花開花落；去留無意，望天上雲卷雲舒。」這才是一種「超塵脫俗」的高境界，這句話的意思是：為人處事能視寵辱如花開花落般尋常，才能無懼於心；視名利如雲卷雲舒般變換，才能坦然無意。

從古至今，能做到「寵辱不驚，去留無意」極其稀有。陶淵明，他是不以物喜，不以己悲，所以才可以用平和寧靜的心態寫出了「采菊東籬下，悠然見南山」的灑脫詩篇。武則天，這個站在歷史至高點的女人，死後只給後人留下了一個無字碑，千秋功過，留於後人評說，碑上不著一字，占盡千古風流，這也是一種「寵辱不驚，去留無意」。還有著名的趙樸初先生，在遺文中寫到：「生固欣然，死亦無憾，花落還開，水流不斷。我兮何有，誰歟安息，明月清風，不勞尋覓。」這種達觀的態度，也體現出了一種「寵辱不驚，去留無意」的意味。

十九世紀中葉，美國實業家菲爾德率領他的船員和工程師們，用海底電纜把「歐美兩個大陸聯結起來」。菲爾德因此被譽為「兩個世界的統一者」，一舉而成為美國最光榮、最受尊敬的英雄。但因技術故障，剛接通的電纜傳送信號中斷，頃刻之間，人們的讚辭頌語驟然變成憤怒的狂濤，紛紛指責菲爾德是「騙子」。面對如此懸殊的寵辱逆差，菲爾德泰然自若，一如既往地堅持自己的事業。經過六年努力，海底的電纜最終成功地架起了歐美大陸的資訊之橋。寵也自然，辱也自在，一往無前，否極泰來，菲爾德之所以為菲爾德，基於此。

凡事做到寵辱不驚，當你處於人生的巔峰時，要想一想，你得到了什麼，在得到的同時你又失去了什麼。當你處在人生的低谷時，你再一次想想你失去了什麼，又從中得到了什麼，再評估一下你現在喜歡的是你得到的，還是你失去的。只有做到了寵辱不驚，去留無意，方能心態平和，恬然自得，方能達觀入世，笑看人生。

【原文】

寵辱若驚，貴大患若身。何謂寵辱若驚？寵為上，辱為下，得之若驚，失之若驚，是謂寵辱若驚。

【譯文】

受到寵愛和受到侮辱都會令人驚恐，把榮辱這樣的大患看得與自身生命一樣珍貴。什麼是寵辱若驚？得到寵愛會驚喜不安，失去寵愛則令人驚慌不安，這就是寵辱若驚。

4. 謙受益，滿招損

曲則全，枉則直，窪則盈，敝則新，少則得，多則惑。是以聖人抱一為天下式。不自見，故明；不自是，故彰；不自伐，故有功；不自矜，故長。夫唯不爭，故天下莫能與之爭。古之所謂曲則全者，豈虛言哉！誠全而歸之。

中國有句成語：「滿招損，謙受益。」意思是說，驕傲招來損失，謙虛受到益處。謙虛是中華民族的傳統美德之一，是使人不斷進步、獲得成功的一個重要內在因素。

謙虛首先表現為實事求是地看待自己，有自知之明。謙虛的人既能看到自己的優點和長處，又看到自己的缺點和短處；他能夠在看到已取得的成績之餘，同時深深的理解，再好的成績，對於偉大的事業來說，只不過起了一磚一瓦的作用。當人們稱頌科學家牛頓的光輝成就時，他卻認為自己好像是一個在海濱玩耍的孩子，只不過撿到了幾片貝殼而已。謙虛的人總是努力不懈、積極進取、銳意奮進。

著名科學家法拉第晚年，仍然常去實驗室做一些雜事。一天，一位年輕人來實驗室做實驗，對正在掃地的法拉第說道：

「幹這活兒，他們給你的錢一定不少吧？」

法拉第笑笑說道：「再多一點，我也用得著呀。」

「那你叫什麼名字？老頭？」

「邁克爾・法拉第。」法拉第淡淡地回答道。

年輕人驚呼起來：「哦，天哪！您就是偉大的法拉第先生！」

「不。」法拉第糾正說：「我是平凡的法拉第。」

謙虛是一種美德，謙虛使人進步。人生有涯而學海無涯，一個人不管再怎麼聰明博學，他的知識與人類整體的知識相比，仍不過是滄海一粟。「海納百川有容乃大。」大凡才識越高的人，越是明白這個道理，因而越是虛心好學，嚴以律己，持之以恆，也越能成就大事業。

謙虛不僅是一種美德，也是一種人生的智慧。謙虛使人贏得好感，是一個人建功立業的前提和基礎。謙虛的人無論從事何種職業，擔任什麼職務，言談都是舉止謙恭有禮，不專斷、不傲慢、不自以為是。驕傲的人總是容易自大，滿足現狀，主觀武斷，輕者使工作受到損失，重者使事業半途而廢。驕傲的人總是容易低估對手的能力而麻痺輕敵，因此歷史上不斷重演著「驕兵必敗」的悲劇。秦昭王就是一個很好的例子：

秦昭王問左右近臣：「諸位看如今韓、魏兩國與昔年相比如何？」

左右侍臣答道：「昔非今比。」

昭王又問：「如今的韓臣如耳、魏臣魏齊，論才幹能與當年田文、芒卯相比呢？」

左右說：「不能。」

於是昭王言道：「想當初，田文與芒卯率領強大的韓魏聯軍前來攻打秦國，寡人仍安然不動，視若無物，如今換了無能的如耳、魏齊為統帥，率領疲弱之兵，又能奈我何！」神色之間頗為自負。

左右都附和道：「大王說的極對！」

這時大臣中期推開面前的琴，說：「君王對諸侯的事情評估錯了。古時晉國六個卿相（韓氏、趙氏、魏氏、範氏、中行氏、智氏）時代，以智氏最強大，智氏滅亡了範、中行氏，並且率領韓、魏聯軍，把趙襄子圍困在晉陽，決開晉水來淹晉陽，僅僅差六尺就把全城淹沒。

當智伯坐戰車出去巡視水勢時，由韓康子給他拉馬，由魏桓子陪他坐車。這時智伯說：『當初我不知道水可以滅亡人家的國家，現在我才知道。汾水便於淹魏都安邑，而絳水便於滙韓都平陽。於是，魏桓子就拉韓康子的胳膊，韓康子則踩魏桓子，踢踢他的腳跟。他們就在車上手腳碰撞之間決定了顛覆智伯的策略。後來智伯身死國亡，被天下人所恥笑。』現在秦國的強盛還沒有超過智伯，韓、魏雖然衰弱，仍然勝過趙襄子被圍困在晉陽時。所以現在就是韓、魏碰手撞足的時候，但願君王不要大意。」

當秦昭王神色出現自負時，他那失敗的幼苗恐怕已經開始萌芽了。大臣中期便運用智伯當年由於自負，竟然當著敵人的面，說出攻敵計畫，結果導致身死國亡的事，勸告秦昭王不要矜誇自滿。由這個故事可以知道，如果一個人太過自負驕傲，失敗很有可能會立現眼前，因此要時刻謹慎，保持謙虛。因為只有謙虛謹慎，才能保持不斷進取的精神，才能增長更多的知識和才幹，因為謙虛謹慎的品格能夠幫助你看到自己的差距。

孔子說：「『知之為知之，不知為不知，是知也。』意思是說：知道就是知道，不知道就是不知道，這才是求知的正確態度。孔子本身有著謙虛的美德，既能看到自己的不足，不自以為是，又能看到他人的長處，虛心向一切人學習。

有一次，孔子遊歷到宋國。有個小孩用土塊堆起了一個大圓圈，擋住路說：「這是一座『城池』，你們過不去了。」

孔子下車問道：「小朋友，你為什麼不給我們讓路呢？」

小孩說：「你是個大聖人，請問在路上遇到城廓時，是車讓城，還是城讓車呢？」

「當然是車讓城。」孔子毫不猶豫地回答。

「那好。」小孩子用手指著那堆土塊說：「這是一座『城池』，你怎麼才能過得去呢？」

孔子環視四周，覺得這真是個難題：要繞道嗎？路途太遠，要從旁邊繞過嗎，周圍又是莊稼，實在想不出好辦法，就對小孩說：「你能不能把『城池』拆掉，讓我們過去呢？」

小孩生氣地說：「你是個知書達禮的老師，最講道理，怎麼能拆城讓車呢？」

這下可把孔子急壞了，他坐立不安，顯得十分尷尬。

小孩對孔子笑笑說：「你既然想不出過『城』的方法，不如你叫我一聲『先生』，我既不拆『城』，又能讓你過去。」

孔子立即走到小孩跟前，躬身施禮，恭恭敬敬地叫了一聲「先生」。

小孩說：「這很簡單。你在『城門』外，我在『城門』內，我把『城門』打開，你不就能過去了嗎？」

孔子心裡明白了，既慚愧又佩服，伸出大拇指對小孩說：「我比不上你，你讓我長知識了。」然後，按著小孩的指點，順利地通過了「城門」。

謙虛絕不是自卑。自卑是不切實際地看輕自己，覺得自己處處不如別人，對事業灰心喪氣，這種心理往往導致人們無所作為。驕傲和自卑這兩種態度，都極端背離了實事求是的精神，是前進道路上的絆腳石。謙虛的人既不自高自大，也不妄自菲薄，總是滿懷信心地努力進取。

相傳中國著名詩人白居易，每當做好一首詩，總是先念給牧童或老婦人聽，然後再反覆修改，直到他們聽了拍手稱好，才算定稿。

像白居易這樣一位著名的詩人，並不因牧童和村婦的無知而輕視他們，因為他知道，真正的文學作品，必須得到百姓的承認，所以他虛心求教於百姓，設法讓他的詩通俗易懂，在民間廣為流傳，為後人所稱頌。

為了奉勸世人虛己下人，勿得自滿，馮夢龍有詩為證：

海鱉曾欺井內蛙，大鵬張翅繞天涯。強中更有強中手，莫向人前滿自誇。

總之，「謙受益，滿招損。」謙虛使人取得成就，贏得別人的稱頌，而驕傲卻令人不思進取，招致不良的後果。這充分說明，虛心是取得成就的第一步。「謙受益，滿招損。」讓我們養成謙虛的美德，無論何時何地都不把自滿和驕傲掛在心頭。

【原文】

曲則全，枉則直，窪則盈，敝則新，少則得，多則惑。是以聖人抱一為天下式。不自見，故明；不自是，故彰；不自伐，故有功；不自矜，故長。夫唯不爭，故天下莫能與之爭。古之所謂曲則全者，豈虛言哉！誠全而歸之。

【譯文】

委屈反而可以保全，彎曲反而可以伸直，低下反而可以受益，破舊反而可以生新，少了反而可以得到，多了反而會變得迷惑。所以聖人謹守著「道」作為天下的模範。不自我表現，反而顯明；不自以為是，反而昭著；不自誇自伐，反而見功，不自恃自負，反而長久。正因為不與人爭，所以全天下沒有人能和他爭，古時候所謂「曲則全」這些話，難道是假的？實在應該保守著它，而以之為歸趨啊！

5.知足常樂

名與身孰親？身與貨孰多？得與亡孰病？甚愛必大費，多藏必厚亡。故知足不辱，知止不殆，可以長久。

知足常樂，是一種愉悅，一種默契，一種品德。因為知足，我們可以在陰暗中感受陽光，可以在野外的雪地上讀出暖意，可以在躁熱的氣候裡體悟清涼。

知足常樂，是一種恬淡雅致，是一種淡泊明志，是一種超然脫俗，更有一種不同尋常的魅力。因為知足常樂，我們才可以從醜陋中體會出溫柔，讓寂寞綻放成鮮花，把鬱悶轉化為力量，甚至把平凡化為偉大。

知足常樂，就如淙淙流水，雋永而長久，如盈盈春光，明麗而照人，如碩果累累，沉重而豐富，如綿綿秋雨，平靜而執著。

古人云：「春有百花秋有月，夏有涼風冬有雪，若無閒事掛心頭，便是人間好時節。」自然和生命已經給予我們太多了，足以讓我們走完生命的歷程，每個人都應該知其足而後樂。任何不切實際的非分之想，都是對生命的摧殘，都是一種自尋煩惱和自討苦吃。如果我們能夠熱愛自然與生命，便能感到生活處處皆美好，從而樂其中，陶醉其間。

一個人騎著一頭驢前往目的地，突然有個騎馬的人從他身邊飛奔而過，這時他心裡就感覺到很痛苦——為什麼人家騎馬，我只能騎驢呢？又走了一段路後，他發現還有人在推著小車走路，連驢子都沒得騎，他當下立即頓悟了——人要知足，只有知足，才能常樂。

知足常樂是人生的崇高境界，是一種心境的修養，是一種道德的修為，不是不思進取。一個人知道滿足，心裡面就時常是快樂的、達觀的，有利於身心健康的。相反，貪得無厭，不知滿足，就會時時感到焦慮不安。用叔本華的觀點來解釋，就是會使人生在欲望與失望之間痛苦不堪。

但「知足」不是沒有追求；「知足常樂」更不是平庸的表現。相反的，這是很難得修練成的德行，尤其是在我們這個處處誘惑的時代。

有一個人在岸邊垂釣，旁邊幾名遊客在欣賞海景，只見垂釣者竿子一揚，釣上了一條大魚，足足有兩尺多長，落在岸上後，仍騰跳不止。可是釣者卻用腳踩著大魚，解下魚嘴內的釣鉤，順手將魚丟進了海裡。

圍觀的人一陣驚呼——這麼大的魚還不能令他滿意！可見垂釣者雄心之大。

就在眾人屏息以待之際，釣者魚竿又是一揚，這次釣上的只是一條一尺長的魚，釣者仍是不看一眼，順手扔進海裡。

第三次，釣者的釣竿再次揚起，只見釣線末端　著一條不到半尺長的小魚。圍觀眾人以為這條魚也肯定會被放回，不料釣者卻將魚解下，小心地放回自己的魚簍中。

遊客百思不得其解，就問釣者為何捨大而取小。

釣者回答說：「喔，因為我家裡最大的盤子只不過有一尺長，太大的魚釣回去，盤子也裝不下，所以只保留小的，其實小魚挺好，煮起來也沒那麼麻煩。」

因此，保持一種知足常樂的心態，可以讓自己活得輕鬆，活得自在。世上每個人的機遇、環境等要素皆不相同，生活環境也有差異。我們無須對這些落差有所抱怨，因為我們已經擁有了自己的世界——至少有健康的身體、珍貴的親情、純真的友誼，或是珍貴的愛情。

生活中的不如意，感情上的一時失意，事業上的不順心，都是一種心態，得到和失去只是瞬間的問題。保持知足常樂，站在不同的階段，站在不同的立場，來思索當前的情況，可能會讓自己的心收穫更多。

其實，知足常樂，就是一種人生觀和價值觀。如果每個人都能端正自己的心態，無論在工作或生活中都能善意的與人相處，樂觀面對，我們都可以活得很快樂！

【原文】

名與身孰親？身與貨孰多？得與亡孰病？甚愛必大費，多藏必厚亡。故知足不辱，知止不殆，可以長久。

【譯文】

聲名和生命相比哪一樣更為親切？身外的財貨，與生命相比，哪一樣更為貴重？得到名利和失去生命，哪一個更有害？所以過分的愛好名利，必定要付出更多的代價；過於積斂財富，必定會遭致更為慘重的損失。所以說，懂得滿足，就不會受到屈辱；懂得適可而止，就不會遇見危險；這樣才可以保持住長久的平安。

6.收斂鋒芒，功成身退

> 持而盈之，不如其已；揣而銳之，不可長保。金玉滿堂，莫之能守；富貴而驕，自遺其咎。功成身退，天之道。

中國文化人強調「功成身退」，「功成」指人生價值得到實現，其本質力量有物可證；「身退」是不以外物害身，讓生命在寧靜、和諧的環境中得到養育，上升到天人合一的自由境界。

明朝時期，劉伯溫和徐達兩人同為明太祖朱元璋的左膀右臂。朱元璋起兵打天下時，文靠劉伯溫、李善長出謀劃策，武靠徐達、常遇春衝鋒陷陣，尤其是對料事如神的軍師劉伯溫更是言聽計從，親信無比。因此，他能在群雄紛爭的元朝末年，滅元驅韃，力削群雄，統一中原大片領土，建立了大明王朝。論功績，論才幹，劉伯溫都是全朝第一。因此在朱元璋登基稱帝後的洪武三年冬月大封功臣的時候，要封他為當朝一品左丞相。不料劉伯溫堅辭不受，非要告老還鄉不可。

朱元璋深知他的脾氣，覺得反正基業已定，有沒有他亦無關大局，也就順水推舟，同意了他的要求。

臨走，滿朝文武都來送行，都捨不得劉伯溫離開。尤其是右丞相徐達，在漫長的戰爭歲月中與劉伯溫配合默契，交往甚厚，實在捨不得他走。親自步送了一程又一程，別情依依，實在不忍分手！

最後不得不離別時，劉伯溫說：「徐兄，慶功樓上，寸步不離帝身！切記！切記！」

徐達問他為什麼。劉伯溫說：「只能與帝打天下，不能與帝享天下。到時候你就明白了！」徐達點頭記下。

果然，就在這年臘月，朱元璋在慶功樓上大擺御宴，宴請功臣。徐達想起劉伯溫的臨別囑咐，自上樓起，就一直跟在朱元璋身邊。朱元璋親自把盞——給功臣敬酒過後，推說朝中有事，就下樓去了。

徐達一看皇上要走，推說要去小解，也跟著下樓來了。不料他們下樓不久就有人撤支樓梯，並從下邊點著了火。結果凡在慶功樓飲酒的大小功臣，全被大火燒死了。

一生當中，當自己的事業達到頂峰之際，懂得放棄，或許能夠帶來更好的前途，反之，則會招來災難。

在中國古代，許多知識份子的理想就是「窮則獨善其身，達則兼善天下」。正是這「達則兼善天下」，使多少知識份子為了實現自己人生的追求而追隨在君王的左右，但是最後的下場卻很慘。就連屈原這樣「眾人皆醉，惟我獨醒」的大智者也沒能逃脫這個悲劇。縱觀兩千多年封建社會的君君臣臣，在眾人糊塗之中，還有幾個難得的「糊塗清醒者」，張良、范蠡、劉伯溫。他們的清醒就在於在實現人生理想後，能夠做到功成身退。他們深知「家天下」制度的殘酷，深知只能與封建君王共苦而不能同甘的規律，懂得「飛鳥盡，良弓藏；狡兔死，走狗烹」的道理。他們的清醒，就在於能夠看開功名利祿，看開塵世紛爭。相反的，韓信等人就是因為過於迷戀權位，過於迷戀功名利祿，最後得到的是身首異處的下場。

韓信在西漢初年，至少有兩個「第一」稱號。第一個「第一」，韓信是西漢第一功臣，當時就有人這樣評價韓信：「功高無二，略無世出」。什麼叫「略無世出」

呢？就是說這個世界上不會有第二個韓信了，他的功勞沒有人可以跟他媲美。第二個「第一」，韓信是西漢第一位被殺的功臣，西漢還有一些其他被殺的功臣，但韓信是第一個。

楚漢之爭結束後，功高震主的韓信成了劉邦的一塊心病。項羽一死，劉邦便馬上奪了韓信的兵權；西元前二〇一年，劉邦又以謀反為名將韓信誘捕。韓信被抓時，仰天長歎「鳥盡弓藏，兔死狗烹」。但劉邦此時並沒有殺掉韓信，只是把他貶為淮陰侯。那麼韓信是為什麼而被殺呢？

根據司馬遷《史記》的記載：在漢十一年，就是劉邦當了漢王的第十一年，發生了一件事情，一個叫陳豨的起兵造反，他自稱「代王」，不是代替的「代」，而是代國之王。即位在現在的河北省境內。陳豨當時擁有大批軍隊和人馬，而且他是養士的人，手下有很多英雄豪傑——陳豨這個人很厲害，無論走到哪兒隨從他的車輛都有上千輛，眾多人員擁護著。

聽到陳豨造反的消息，劉邦勃然大怒，帶領軍隊御駕親征，去討伐陳豨。這期間，韓信與陳豨有書信來往。韓信寫信給陳豨，告訴他：你只管造反，兄弟我在京城給你做內應，而且還做了準備，到時候會把監獄裡的人放出來，讓罪犯去攻打皇宮。

韓信還說，到時候會把留守京城的呂后抓起來殺了。

這件事情被人告發了。告發的起因，是由於韓信手下有一個人犯了錯誤，被韓信關了起來，準備殺頭。這個人的弟弟知道了這個情況，就向呂后通風報信，說韓信準備謀反。

而此時的呂后，正虎視眈眈地找時機為劉邦辦事，希望劉邦不要把她兒子劉盈的太子之位廢除。於是，呂后就借這個機會，與丞相蕭何商量之後，把韓信騙到長樂宮，然後派兵在長樂宮附近埋伏。就這樣把韓信圍困在長樂宮，將其殺死。而且立即下令逮捕韓信的家人——「夷信三族」，也就是將韓信父族、母族、妻族三族的人全部殺光。

「功成身退」是一種智慧，即使你有功，也不能居功自傲、自恃功高。但是韓信竟然連這一智慧也不懂得，以致遭來殺身之禍。樹大招風，「功成身退」不僅對於古代位居權高的功臣來說是一個警示，對於我們現代人也是一個重要的警示。

【原文】

持而盈之，不如其已，揣而銳之，不可長保。金玉滿堂，莫之能守；富貴而驕，自遺其咎。功成身退，天之道。

【譯文】

過度自滿，不如適可而止；顯露鋒芒，銳勢難以保持長久。金玉滿堂，往往無法保守；如果富貴到了驕橫的程度，那是自己留下了禍根。一件事情做得圓滿了，就要含藏收斂，這是符合自然規律的道理。

7.萬事以和為貴

挫其銳，解其紛，和其光，同其塵。是謂玄同。故不可得而親，不可得而疏；不可得而利，不可得而害；不可得而貴，不可得而賤；故為天下貴。

「和」是一種風采，「和」是一種美麗。相互理解，相互寬容，以和為貴。俗話說：「滴水之恩，當湧泉相抱。」如果你能用寬大的胸懷去原諒一個人無心的過失，在關鍵時刻他會拼了自己的性命來報答你。

春秋時期，許多諸侯國並存。楚國的楚莊王，是一個英明、果決的人，在他的治理下，楚國由一個新興的小國逐漸強大了起來。

有一天，楚莊王宴請文武百官，宮內的妃嬪們也都出席，大家一起飲酒作樂，聽歌賞舞。宴會一直進行到傍晚，天色漸黑，但是君臣興致越來越高，都不想散去，於是，楚莊王命令在大廳裡點上蠟燭，繼續喝酒狂歡。楚莊王坐在寶座上放眼望去，只見燭光照映之下，歡歌笑語，人影朦朧，別有一番景致，不禁興致大發，讓自己最寵愛的兩個妃子麥姬和許姬到大臣座前，輪流給各位大臣敬酒。

忽然，一陣風吹來，廳上燭火全被吹滅了，眾人陷入了黑暗之中。這時，許姬感到有人拉住她的手撫摸了一把。許姬很惱怒，順手就扯斷了那人帽子上的纓飾，然後趕緊回到楚莊王身邊，悄悄地對楚莊王說：「剛才有人調戲我，我已經扯斷了他帽子上的纓飾，一會兒點燃了燭火，大王看看誰的帽子上沒有纓飾，就治他的罪。」

誰知楚莊王聽完許姬的話後，卻高聲說：「先別點蠟燭了，乘著黑喝酒，多有意思！」於是，大家就在黑暗中繼續飲酒玩樂。

過了一會兒，楚莊王問：「今天我請大家喝酒，各位喝得高興嗎？」

群臣齊聲說：「感謝大王，我們喝得非常高興。」

楚莊王又說：「是真高興嗎？咱們不拽斷帽纓，就不算盡興！」大臣們一聽，紛紛摘下帽子，扯斷帽子上的纓飾。這時，楚莊王才吩咐把蠟燭點燃。眾人互相一看，各自的帽子都已面目全非，無一完好，形狀非常有趣，不禁都哈哈大笑起來，喝得更加痛快。直到天亮，君臣才心滿意足地散去。

許姬回到宮裡，非常生氣，埋怨楚莊王故意包庇調戲她的人。按照當時的法律，調戲王妃的人是要被處以死罪的。

許姬說：「大王這樣縱容他們，以後他們還會做更多冒犯您的事。」

楚莊王卻笑一笑，說：「我請大臣喝酒，目的是為了讓大家玩得盡興。酒後失態，是人之常情。如果我為了這點小事而治大臣的罪，不僅讓宴會大煞風景，而且會讓大臣覺得羞辱，這就不是我設宴的本意了。」

後來，楚莊王攻打鄭國，一位名叫唐狡的將軍特別勇敢，衝鋒陷陣，斬將奪關，屢建奇功，使得楚軍士氣格外高漲。楚國軍隊一直打到鄭國的首都方才收兵，楚莊王也因此威名大振。原來唐狡就是在宴會上被許姬扯斷帽纓的人，他奮勇殺敵，正是為了報答楚莊王的寬容大度。

與人相處，要寬以待人，「以和為貴」。站在別人的位置上，設身處地的為別人想一想。有聖賢者之宏量，無庸民懦夫之狹胸。盡可能與人為善，和藹相親；待人和藹，讓人感到可親可近。我們在待人接物的時候，如果無法做到「處人藹然」的態度，總是以疾言厲色的態度待人，如此將不僅會影響到個人形象，而且會落個「失道寡助」、「形影相弔」的下場。相反的，如果能夠與人相處時謙虛誠懇，秉持「助人為快樂之本」的精神；與人交往時寬容大度，保持良好的人際關係，創造輕鬆愉快的生活氣氛，如此一來，不僅自己能夠整日心情愉快，還能永保青春活力。

有位將軍患有謝頂之疾，在一次盛宴上，一位年輕的士兵不慎將酒潑到將軍的禿頂上，頓時，全場鴉雀無聲地等待將軍的發怒。

誰知將軍拍著士兵的肩膀，笑著說：「兄弟，你以為這種治療方法會有用嗎？」一句話逗得人們笑聲不絕，當下驅走了室內的緊張氣氛。

在人際交往的過程中，難免會有些小磨擦，只要不是惡意的，凡事應以和為貴，才能營造和樂的大環境。

有兩個山東人是鄰居，卻因相鄰的一尺宅基地打了八年的官司。因為這兩家都要蓋房子，其中一家先蓋，後蓋的這一家就說前者占了他家的一尺寬的地基。

兩家爭執不休，於是對簿公堂。因為地畝的帳冊不清，兩家一口氣打了八年的官司，這兩家起初家庭都挺富裕，現在卻弄得是兩敗俱傷、負債累累。後來其中一家人聽說自家有一表親在京城做了大官，心想，這下好了，找到這個靠山，我們的官司就要贏了！便差遣僕人去京城送信，這個大官看了書信，沉思良久，就寫了一封回信給僕人攜回。

回到家，主人拆信一看，信的內容是一首詩「鄰里本比遠家親，一尺宅基生紛紜；待人以寬原是福，和睦相處笑勝金；方寸之牆起禍殃，讓他三尺又何妨？萬里長城今猶在，不見當年秦始皇！」

原來這個大官是個通達情理之人，兩家後來傳看了這封信，哈哈一笑，握手言歡。

忍讓是生存的力量，我們應深刻了解以和為貴的精義。

一位印度國王曾讓手下做過這樣一個實驗：將十隻羊關在一間屋子裡，然後在屋子裡放一筐鮮草；將十條狗關在另一間屋子裡，然後往屋子裡放幾塊肉。

第二天國王打開第一間屋子的門，發現十隻羊都安然地睡著覺，而筐中的鮮草已全部吃光。國王打開第二間屋子的門，令他大吃一驚——十條狗都遍體鱗傷，滿身鮮血，奄奄一息，而幾塊肉卻都完好無損。

國王不由得感慨：假如這些狗能夠像羊一樣懂得忍讓，彼此之間和睦相處，大家不僅不會受傷，還能享用美味的肉。確實，只有做到「和」，才能讓人和睦相處。學會忍讓，以和為貴，是求得生存的保證。「以和為貴」並不是不分是非曲直、不講道理、麻木不仁，放棄自我。我們所談的「以和為貴」，是要讓民族國家，事以和平；讓社會學校，處於和諧；讓個人、家庭、朋友，彼此和氣相處，只有這樣的「以和為貴」，才能長治久安。

【原文】

挫其銳，解其紛，和其光，同其塵。是謂玄同。故不可得而親，不可得而疏；不可得而利，不可得而害；不可得而貴，不可得而賤；故為天下貴。

【譯文】

收斂鋒芒，削減紛爭，收斂光芒，和塵俗共處，這就是「玄同」的境界。修養能達到這種境界，則既無法與之親近，也無法與之疏遠；既無法使之得利，也無法使之受害，既無法使之高貴，也無法使之低賤。到達這種超出親疏利害貴賤的人，才是天下最了不起的人。

8.人生如樹，誠信是根

信者，吾信之，不信者吾亦信之，德信。

人生是樹，健康是茁壯的樹幹，才學是豐富的養分，金錢是必要的甘露，榮譽是絢爛的花朵，成功是累累的果實。其實，這一切的一切，都來源於誠信。

誠實守信是中華民族的傳統美德，千百年來，人們講求誠信，推崇誠信，誠信之風質樸淳厚，源遠流長。早在春秋時期，孔子就有了「人而無信，不知其可也」的告誡，正是因為誠信，才有了「君子一言，駟馬難追」的承諾，才使「曾子殺豬」的故事流傳至今；因為誠信，才有了「三分天下有其一」的卓著成績。

誠信是人生中最重要的品質，古往今來，無數可歌可泣的歷史故事中，蘊含著豐富的誠信精神，而這些誠信精神，已深深根植在我們的生活點滴之中。

誠信如蓮，出淤泥而不染；誠信如蘭，處幽谷而芳香；誠信如泉，濯惡濁而清純；誠信如金，埋泥沙而光亮。有了誠信，這世界才有了真正的高尚，有了誠信，人類才有了萬物之靈的品格。哪怕路上遍是荊棘，哪怕海上風吹浪打，哪怕霧中迷失方向，有了誠信這根牢牢撐起大地的樑柱，才能讓我們有了今日的柳暗花明之日、春風暖面之時。

一艘貨輪在煙波浩淼的大西洋上行駛。一個在船尾做雜工的黑人少年不慎掉進了波濤滾滾的大西洋。孩子大喊救命，無奈風大浪急，船上的人誰也沒有聽見，他眼睜睜地看著貨輪托著浪花越來越遠……

求生的本能促使孩子在冷冰的海水中拼命地向前游，他用全身的力氣揮動著瘦小的雙臂，努力讓頭伸出水面，睜大眼睛盯著輪船遠去的方向。

船越來越遠，船身越來越小，後來，孩子什麼都看不見了，眼前只剩下一望無際的汪洋。孩子力氣也快用完了，實在遊不動了，他覺得自己要沉下去了。

「放棄吧！」他對自己說。這時候，他想起了老船長那張慈祥的臉和友善的眼神。不，船長知道我掉進海裡後，一定會來救我的！想到這裡，孩子鼓足勇氣用生命，用最後的力量又朝前游去……

船長終於發現那黑人孩子失蹤了，當他斷定孩子是掉進海裡後，下令返航，回去找。這時，有人規勸：「這麼長時間了，要是沒有被淹死，也會被鯊魚吃了……」船長猶豫了一下，還是決定回去找。

又有人說：「為一個黑奴孩子，值得嗎？」

船長大喝一聲：「住嘴！」

終於，在那孩子快要被淹沒的最後一刻，船長趕到了，救起了孩子。

當孩子甦醒過來之後，跪在地上感謝船長的救命之恩時，船長扶起孩子問：「孩子，你怎麼能堅持這麼長時間？」

孩子回答：「我知道你會來救我的，一定會的！」

「怎麼知道我一定會來救你的？」

「因為我知道您是那樣的人！」

聽到這裡，白髮蒼蒼的船長撲通一聲跪在黑人孩子面前，淚流滿面：「孩子，不是我救了你，而是你救了我啊！我為我在那一刻的猶豫而恥辱……」

誠信是一枚凝重的砝碼，放上它，生命就不會再搖擺不定，生命的天平立即會穩穩地傾向中間，人生就會有更多的期待。

誠信是一輪朗耀的明月，惟有它，與高處的朗朗皎潔對視，才能沉澱出對待生命的真正態度，彰顯我們亮麗的無悔人生。

誠信是一澗山巔的流水，只有它，能夠洗盡浮世所有塵華，洗盡那躁動不安的心境，洗盡虛假，留下啟悟心靈的妙言諦語。

有日月星辰相輝映，天空才燦爛輝煌；有寶貴誠信作指導，人生才豐富多彩。

沒有一蹴而就的事業，沒有一成不變的江山。沒有人可以頂著榮譽的光環過一輩子。榮譽是短暫的，它只是旅途中一小段美麗的風景，再美麗，也只是一小段人生；但誠信是培植人生亮麗風景的種子，只要一直耕耘，它會一直保持亮麗；將誠信的種子撒滿大地，你的人生將會美麗到天長地久。反之，則會遭到報復。

一名商人過河時所搭的船觸礁翻覆，他大呼救命，嘴裡嚷著：「誰能救我，我就給他一百兩金子！」

一個漁夫救他上岸後，他只給了漁夫八十兩金子。漁夫責怪商人不講信用，商人則訓斥漁夫貪婪。

後來，這個商人在乘船的時候又掉到了河裡，他還像上次一樣喊：「誰能救我，我給他一百兩金子！」碰巧上次救他的那個漁夫在現場，他對周圍的人說：「這個人言而無信。」人們聽了漁夫的話，沒有去救那個商人，結果商人就這麼被水淹死了。

承諾是一種誠信。實現承諾，就擁有了人格上的信用。承諾也體現了一種精神。失去了承諾，就等於失去了做人的尊嚴，永遠得不到他人的信任。

因此，人要以誠為本，以信為天。誠信如一輪明月普照大地，以它的清輝驅盡人間的陰霾，它散發出了所有的光輝，卻常保皎潔明麗。「贈人玫瑰，手有餘香。」誠信待人，付出的是真誠與信任，贏得的是友誼和尊重。

【原文】

信者，吾信之，不信者吾亦信之，德信。

【譯文】

對於信實的人，我信任他；對於不信時的人，我也信任他，這樣就人人歸於信實了。

9. 一步一腳印

千里之行，始於足下。

魯迅說：「世間本無路，路是人一步一個腳印走出來的。」也就是說：任何事情的成功都是由小而大逐漸積累的。所謂「冰凍三尺，非一日之寒」，許多偉人的成功，都是堅持從小事做起，一步一腳印，逐漸達成的。

清代著名畫家鄭板橋的畫，蜚聲中外，獨樹一幟，他的詩也寫得很好，雋永清新。但是他寫的字卻是柔弱無力，因此他決心把字練好。於是，他發揮了堅忍不拔的毅力，天天練習。日復一日，年復一日，從不間斷，終於練出一筆遒勁瀟灑的好字。他以「一步一腳印」的精神，終於達成了他的目標，讓他的字、詩、畫，被世人讚譽為「三絕」。

人要有一往無前的精神，運用智慧、積極挑戰、一步一腳印地穩步向前。世界上沒有憑空而來的鮮花，也沒有天上掉下來的餡餅。「九層之台，起於累土；千里之行，始足於下。」這句話用來形容成功，也是同樣的貼切，因為任何事情都沒有捷徑，凡事均須務實且積極的行動，才能夠完全掌握到機會。

有個居住在澎湖的女孩，她一出生，就被父母送給別人領養。十五歲時，好賭成性的養父決定把她賣掉，這個女孩於是偷偷離開養父母，隻身前往台灣。因為她不希望自己的命運受到他人無情的擺布。

女孩到台灣後，打零工、織毛衣、擺水果攤、賣魚、開小吃店，什麼工作都做，拼命的賺錢。

如今，她已是五十多歲的婦人。但是，她已成為一家傳銷公司年薪千萬的超級業務員。

這位婦人常對別人說：「我的挫折感早在年輕時都用光了！」這句話真令人震撼！

是的，她沒什麼學歷、她曾一無所有、還差點被當成物品般被賣掉。她不奢望自己擁有「金手指」，只是腳踏實地、積極樂觀地工作，也不畏懼跌倒失敗，因為「挫折感早在年輕時用光了」，現在的她，對挫折「已經免疫」了。

由此可以看出：從小事做起，能夠磨練意志，因為小事的成功，能夠強化鍛鍊意志的信心。例如你今天改掉了睡懶覺的習慣，明天做到了「今日事今日畢」，只要如此日積月累，完成計畫的決心、信心與恒心就會大幅提高。

有著「台灣經營之神」稱號的王永慶，小時候為了脫離貧窮的家境，小學畢業後就遠離家鄉，到嘉義工作。他從幫人賣米的工作做起，後來開了米店，碾米廠，把事業做得很好，還因為在賣米時摸索到了祕訣，生意相當興隆。但是，他在二十五歲時也曾遇到挫折——日本人的「共精共販」制度，讓他的碾米場關門大吉。從此，王永慶的事業之路坎坷，直到投資了PVC塑膠業後，才改變他的一生。

曾有人問他：當他在經營台塑企業時，成功的關鍵是什麼？他答道：「成功的關鍵完全在於一步一腳印的努力，這個信念在往後漫長的歲月中，深深影響並支配我的處事態度。曾經遭遇種種難關，我都以這個信念勉勵自己及同仁。因此我們能夠一次又一次的克服。」

人生是一場面對多重困難的「無休止挑戰」，智者注重事物的量變，知道量變是一個長期的、緩慢的過程。事物只有經過長期的量變才能夠到質變。智者知道飯要一口一口吃，路要一步一步走，辦好了一件事情再辦第二件事情。而愚昧的人者總想質變，總想一蹴而就，總想一夜暴富、總想一步登天。

有人盼望「心想事成」，只想娶個有錢老婆來減少二十年的奮鬥，可是，這二十年你要幹什麼？天天吃喝玩樂？殊不知，不易得來的「奮鬥果實」才彌足珍貴。因此，莎士比亞在《哈姆雷特》中說：「人在活著的時候，如果主要的長處與價值只是『吃飯和睡覺』，這樣就只是像個畜牲而已。」也許這番話聽起來很不入耳，但「一步一腳印」這句話，驗證了許多事。

天下沒有一步登天的事。因此，在人生當中，要注重腳踏實地，從小事做起。小事做好說起來容易，做起來難。難的根本原因在於：一是看不起小事。不屑於從小事做起，正所謂「眼高手低，大事做不來，小事不願做」。二是堅持不下去。聽了激動，談時感動，但卻不知道應該做出具體行動，或者總是急於求成，卻難以堅持，正所謂「這山望著那山高，常立志，常無志」。從一定意義上講，世界上是由許多小事組成的，世界上的任何小事都可以成就大事，與其說是大事造就了他們的精彩，不如說小事成就了他們的人生：因為他們能夠腳踏實地，一步一腳印。

人生路是自己走出來的，要達到夢想的彼岸，需要我們一步一腳印，踏踏實實地走過泥濘，邁過險阻。根深才能葉茂，扎實的基礎是成功的根本，堅韌的翅膀才能托起絢麗的夢想。

【原文】

千里之行，始於足下。

【譯文】

千里遠的路程，是從腳邁開的第一步開始。

10.善用逆向思維

常善救物，故無棄物。

在實踐思維的過程中，人們常常不自覺地形成自己所慣用的格式化思考模式，即面臨問題的時候，人們常用一種固定的思路和習慣去考慮問題，這就是思維定勢。它阻礙了人們的思維開放性和靈活性，使得思維變得僵化。心理學研究顯示：每一個思維過程都有一個與之相反的思維過程，在這個互逆過程中，存在著正逆向思維的聯結。

所謂逆向思維法，就是指人們為達到一定目標，從相反的角度來思考問題，從中引導啟發思維的方法，即我們通常所說的「反過來想一想」。它打破常人的習慣思維（又叫思維定勢）的路子，不依常規，尋求變異，從而導致獨特的創新的思維效果。逆向思維是人們的另類思維方式，當習慣性的思路和實踐無法帶來預期的成果時，我們會改變做法，摒棄習慣性思路，另覓蹊徑，「反其道而為之」。

面對新事物、新問題的時候，我們應該學會從事物的不同方面、不同角度來分析研究新事物、解決新問題。三國時代有「曹沖稱象」的故事，曹沖沒有按尋常的思路去考慮如何直接量測大象的重量，而是考慮與大象的等重量物，拿同樣重量的一堆石頭去量測，這就是一個很好的逆向思維。

一九四〇年代，英國的物理學家焦耳曾致力於研究不需要消耗能量的「永動機」，他花費了許多時間，卻毫無所獲。後來，焦耳等學者運用逆向思維，用反證法做了大量的實驗，驗證永動機是不可能製造出來的，從而發現了能量守恆和轉換定律。

美國汽車大王亨利·福特在街上散步時，偶然間看到肉鋪倉庫裡的幾個工人依照順序分別負責切割牛的里脊肉、胸肉、頭部，他的腦海中立刻浮現出一些相反的過程：讓工人依照順序分別安裝上汽車的零部件。

這就是用流水線組裝汽車的方法，與以前讓每一個工人自始至終地裝配一輛汽車相比，由於每個工人只負責汽車中的一小部分，讓操作步驟變得操作簡單，且更容易熟練上手，還可以進而大大提高工人的勞動率，並降低錯誤率。這個安裝步驟的變動，使福特公司脫穎而出，奠定了福特公司在汽車製造業的地位。後來，其他汽車廠、行業紛紛仿效福特公司的作法，至今流水線作業仍是現代化生產管理的有利執行方式。

福特的成功說明了逆向思維的重要性。我們身處的世界，是由相互對立的事物組成的和諧的世界，而每一事物又有相互對立的兩個方面。很多過程都是可逆的，而兩種截然相反的方法有時可以解決同樣的問題。可惜的是，由於我們受過太多是非觀念的教育，往往很容易直觀的判斷事物的對錯，以至於採取一種方法之後，就很容易排斥相反的另一種方法。

在早期的社會，有放高利貸的，如果你在春天向他借一塊錢，夏天就得還他兩塊錢，秋天就得還他四塊錢，冬天，利滾利，連本帶息要還他八塊錢。高利貸業者心也夠狠的，借債的人如果不是急著等錢用，也不會去借錢。

有一個男人為了安葬妻子，借了高利貸業者的錢，無法還清，高利貸業者便趁人打劫，見這男人有一個美麗的女兒，想納她為妾，用來抵債。

高利貸業者知道那個人不會用心愛的女兒來抵債，便想出了一個壞主意，假惺惺地對欠債的男人說：「我知道你沒有錢還債，我這裡有一個布袋，裡面放了一顆黑石頭和一顆白石頭，讓你的女兒來摸，如果摸到白石頭，你欠的債就不要了；如果摸到黑石頭，就讓你女兒抵債。」

欠債的男人想：如果幸運地摸到白石頭，這筆賬就可以一筆勾銷了。其實，高利貸業者準備的是兩顆黑石頭，他偷偷地把石頭放入布袋時，被女孩看到了，女孩心想：「如果揭穿放高利貸者的把戲，仍然無錢還債；如果乖乖的去摸石頭，怎麼摸都是黑石頭，我也不願意去做妾，該怎麼辦呢？」她把視線一轉，看到地上既有白石頭，又有黑石頭，忽然靈機一動，對高利貸業者說：「你說話可得算數，我若摸出白石頭，這筆帳可得一筆勾銷。」

高利貸業者連聲稱是，心想：「妳摸吧！反正妳是摸不出白石頭的！」他一心認為，女孩即將成為他的妾。

結果如何？女孩往布袋一摸，當然摸出的是一粒黑石頭，說時遲那時快，只見這時小女孩腳下一滑，手中摸的黑石頭，也不知道甩到哪裡去了，地上滿是黑石頭和白石頭，根本區分不出哪一粒是剛才摸出來的。

女孩便對高利貸業者說：「剛才我摸出的石子，現在也不知道掉到哪裡去了，你不是既然袋子裡有一黑一白的石頭，我們可以看看剩下的石頭是什麼顏色，如果現在剩下的是一粒黑石頭，那麼，剛才我摸出來的就是白石頭了。」高利貸業者無言以答，只好把這筆欠債一筆勾銷。

逆向思維是一種啟發智力的方式，它有悖於人們的習慣，而正是這一特點，使得許多靠正常思維無法解決或是難於解決的問題迎刃而解。一些正常思維其實也可以解決的問題，在逆向思維的參與下，可以大大簡化簡化流程，提高效率。正向思維與與逆向思維就像分析的一對翅膀，不可或缺。習慣於正向思維的人，一旦得到了逆向思維的幫助，就像戰爭的統帥得到了一支奇兵，如虎添翼！

【原文】

常善救物，故無棄物。

【譯文】

能夠時時珍惜萬物，做到物盡其用，所以沒有遺棄的物品。

11.不過分爭名奪利

上善若水，水善利萬物而不爭，處眾人之所惡，故幾於道。

人的一生，常被名利所束縛。名利之於人，實用的價值少，更多的是一種心理上的安慰，一種對個人價值的肯定，因此，名利只不過是一個人所掙得的身價而已。人總是透過名利來標榜個人價值的高低。沒有了名利，常常也會對自己的價值產生懷疑，對自己在世上的價值失去信心。人們難以承受沒有價值的評判，若是被視為無用之物，便會喪失生活的興趣與激情，生活也會失去色彩。因此，為了追求名利，很多人都不惜耗費終生追尋，使得名利的繩索最後變成了人生的絞索，斷送了人生的快樂與歡笑。值得嗎？

遺憾的是，所謂的名利，並不止於生存之時。有的人活在世界上時籍籍無名，但到了死後卻常常名利蜂擁而至。而世人的眼色，總是以現實的名利為基準，如果僅以名利來判斷一個人的價值，那麼人死後能得到名利，也就說明了這個人的價值。但是死後的名利，往往是生前難以預料的。因此，一個有著高度價值的人，卻可能在久候名利不至，而飽受冷落，最後導致懷疑自己的價值。

既然一個人的價值難以讓世人所理解及衡量，我們也就不須太過注意人們對自己的評價。不必把名利太當一回事。若是有了這一份灑脫，那麼名利的繩索就不至於變成頸上的絞索，也不會對生命造成過度的影響。

名利是永遠求不盡的，世間許多大富大貴的人，還在追求更大的利益；許多名滿天下的人，還在追求更大的名聲，所以，問題的根源並不在於名利，而是在欲望！要求取安心之道的人，不是在抵制名利的追求，應選擇讓心中的欲望休止。

清朝的乾隆皇帝下江南，到了鎮江的金山禪寺，由住持法盤禪師作陪，站在山頭上欣賞長江的風光。

乾隆看見江上熙來攘往的船隻，問法磬禪師：「長江一日有多少船往來？」

法磬禪師說：「只有兩艘船往來！」

乾隆不解地問：「你怎麼知道只有兩艘船呢？」

法磬禪師說：「一艘船為名，一艘船為利！」

乾隆聽了大為讚歎。

人生短暫，恩恩怨怨，功名利祿，只是過眼雲煙。平平淡淡才是真，平平安安就是福。學會淡泊，並不是看破紅塵，也不是甘於沉淪，而是在繁重的工作之餘，在雜亂的瑣事之中，多一份思考，多一份清醒。

名利心強的人，往往尋找追名逐利的捷徑，不願下苦功去打好基礎，結果是有了點小名小利，卻糟蹋了自己的先天秉賦。還有一種情況是，在取得的名利後把持不住，耽於名利，為名利所傷，本來是很有前途的，卻被名利阻了前程。把名利視為一種結果，而不是目標。只有不被名利所蒙蔽，眼界才能開闊，思想才會活躍，才能在工作中取得成績。

當今社會，人們面對太多的壓力、太多的誘惑，有太多的欲望、太多的苦悶。如何以清醒的心智和從容的步履過此一生？答案很簡單，應學會淡泊。然而，淡泊的意境是不容易達到的。人活在世上，無論貧富貴賤，窮達逆順，都免不了要和名利打交道，真要擺脫名韁利鎖的束縛談何容易？所以說，淡泊是一種修養，是一種煉心。因此，我們務須學會淡忘生活中的不愉快，不斤斤計較，順其自然，不糾纏生活瑣事，保持正常心態，知足者常樂，讓心靈歸於終極的寧靜。

【原文】

上善若水，水善利萬物而不爭，處眾人之所惡，故幾於道。

【譯文】

最高境界的善，就像水一樣。水能滋養萬物，不與萬物相爭，蓄居於大家所不喜歡的卑下之處，具有這些特性，所以很接近於「道」的精神。

12.凡事順應自然，隨遇而安

不尚賢，使民不爭；不貴難得之貨，使民不為盜；不見可欲，使民心不亂。是以聖人之治也，虛其心，實其腹，弱其志，強其骨。常使民無知無欲。使夫智者不敢為也。為無為，則無不治。

道家思想的早期來源和主要內容之一，形成於西漢初年。由於當時經過了多年戰亂，民生凋敝，為了恢復生產、發展經濟，所以統治者達成了共識，採用道家「清靜無為」的思想作為治國的方針。當時的道家學派被稱為黃老學派，該派尊奉黃帝、老子為創始人，認為統治者施政需簡單，不應多生事端，實行統治的前提就是盡量不要驚擾百姓，只要做到凡事順應自然，老百姓自然會安分守己，社會就會穩定。在老子的眼裡，天下萬事萬物都有自己的自然屬性，所以高明的統治者理應順從客觀，尊重自然，因勢利導，率理而動，一切「道法自然」，凡事「無為自化」。

如何活出自己的人生？我們可以說出成千上萬不同種類的活法。但歸結起來，也不外乎二種：活得累和活得瀟灑。面對同一個客觀環境的自然條件。為什麼有的人就活得極其艱難，有的人相對就活得輕鬆自在？這與聰明才智無關，其實只要懂得調整個人與客觀環境的關係，審時度勢、超然處世，自然能做到順應自然、隨遇而安的境界。

北宋著名文學家蘇東坡，一生多坎坷，不斷遭貶被謫，卻依然心情樂觀。他的朋友張鶚向他討教，他毫不掩飾地說：「一曰無事以為貴，二曰早寢以為富，三曰安步以當車，四曰晚食以當肉。」蘇東坡可謂隨遇而安的精神典範，現代的我們，仍然應以蘇東坡為尊崇和借鑑的對象。

人生在世，煩惱眾多。每個人都想在人生舞臺的黃金分割點上演繹自己的人生。我們有過去夜空射獵天狼星的激情，也有過去沙漠尋找夢中橄欖樹的衝動，但經歷一次挫折之後，便會明白，我們的意志並不堅強，我們稚嫩的肩膀還挑不起失敗的重擔。於是我們便會另做打算，在激流暗灘中尋找自己的足跡，或是在鮮花與掌聲中尋找清淨，回想自己是否正在樂極生悲。

在人生的旅途上，萬事如意只能是人們美好的願望，而並非生活的現實。人生隨時都可能遇到不順心的困惑，無論是失業待業、晉升無望、懷才不遇，或是考場失利……這些失意的狀況，都會因為期待與現實的落差，而引發強烈的心理衝突。在情緒波動、心態失衡的情況下，有的人不擇手段，鋌而走險；有的人牢騷滿腹，咒天罵地，甚至抨擊一切；但也有的人平心靜氣，理智地正視困難、挫折和痛苦，用積極的態度尋找治療自己苦悶的良方——隨遇而安。這類人就是哲人，他們善於隨遇而安、順應自然，即使環境再苦惡劣，他們也不以為意，能夠一心一意地專注於自己的工作和生活之中。

順應自然，就要順應自己無法改變的不完美。有些缺陷是與生俱來的，或者說，其本身也是自然的一部分，是無法改變的。因為，世界上向來沒有完美的生活，從來也無法成就完美的人生。生活中的不公平，造就了對每個人的公平，沒有人能擁有「天不拘兮地不羈」的自由。沒有人能逃脫「一朝春盡紅顏老，花落人亡兩不知」的宿命。我們應該學習接受生活帶來的一切，接受自己無法改變的事實，這便是對命運的寬容，更是對自己的珍惜。

順應自然，需要我們的氣度和坦然。我們面對真實生活中除了自己無法改變的缺陷，還有旁人的冷嘲熱諷，世俗的偏見爭議。泰戈爾說：「我不願企求心靈上的創傷消失，但願我能戰勝它。」坦然地直接面對痛苦，用平和的心態化解尖刻的傷痛，這就是一種勇敢的大度。大度於自己的不幸，不對自己自怨自艾；大度於別人的嘲諷，不再對這些嘲諷心懷怨恨。這份大度如水，澆滅憤怒之火，沖洗心靈之汙穢。一如泉水般匯集成心中的海洋，包容萬物，海闊天空。二十世紀偉大的作家及教育家，海倫・凱勒本著「忘我就是快樂」的信念，即使又聾又啞又盲，依然會感慨「生活是多麼美好」。那麼，我們還有什麼理由不坦然地順應自然呢？

人世間沒有永遠的贏家，也沒有永遠的輸家。一如自然界，常青之樹無花，豔麗之花無果，雪輸梅香，梅輸雪白。不改變本身的不完美，有時，順應自然是最合適的選擇，坦然接受不完美的事實，努力改變可以改變的情況，也是對順應自然的一個合理註解。

【原文】

不尚賢，使民不爭；不貴難得之貨，使民不為盜；不見可欲，使民心不亂。是以聖人之治也，虛其心，實其腹，弱其志，強其骨。常使民無知無欲。使夫智者不敢為也。為無為，則無不治。

【譯文】

治國者不崇尚賢名，可以使老百姓不生爭奪之心；不珍愛難得的財物，可以使老百姓不去偷竊；不顯耀足以引起貪心的事物，可以使民心不被迷亂。因此，聖人的治理原則是：淨化人民的心思，填飽百姓的肚腹，減弱百姓的競爭意圖，增強百姓的筋骨體魄，經常使老百姓無知無識，無欲無念，處於純真渾沌的狀態。如此一來，總始有一些巧詐機變之徒，也不能有所作為了。在這樣的情況下，以無為的態度來治理政事，就不會有治理不好的事了。

13.防患於未然

為之於未有，治之於未亂。

莎士比亞說：「人生就像窗外的天氣，充滿了不可預測的雷雨、暴風。」要想在處處危機四伏的人生海洋中乘風破浪，航行到勝利光明的彼岸，就必須做到防患於未然，如此一來，在危險突然降臨時，才不至於手忙腳亂，一敗塗地。

有一家人剛蓋好了新房子，但是廚房還沒有安置妥當，他們燒火的土灶煙囪砌得太直，土灶旁邊堆著一大堆柴草。

一天，家中招待客人。一位客人看到主人家廚房的這些狀況，就對主人說：「你家的廚房應該好好整頓一下。」

主人問道：「為什麼呢？」

客人說：「你家煙囪砌得太直，柴草放得離火太近。你應將煙囪改砌得彎曲一些，柴草也要搬遠一些，不然的話，容易發生火災。」

主人聽了，笑了笑，心中頗不以為然，沒把這件事放在心上，不久也就把這事拋諸到腦後。

後來，這戶人家果然失了火，左鄰右舍立即趕來，有的澆水，有的撒土，有的搬東西，大家一起奮力撲救，大火終於被撲滅，除了廚房裡的東西燒了一小部分外，總算沒釀成大禍。為了酬謝大家的全力救助，主人殺牛備酒，辦了酒席。席間，主人熱情地請被燒傷的人坐在上席，其餘的人也按功勞大小依次入座，惟獨沒有請那位當初建議維修煙囪、搬開柴草的人。

大家高高興興地吃著喝著。忽然有人提醒主人說：「要是當初您聽了那位客人的勸告，改建煙囪，搬走柴草，就不會造成今天的損失，也用不著殺牛買酒來酬謝大家了。現在，您論功請客，怎麼可以忘了那位事先提醒、勸告您的客人呢？難道提出防火的沒有功，只有參加救火的人才算有功嗎？我看哪，您應該把那位勸您的客人請來，並請他上坐才對呀！」

主人聽了，這才恍然大悟，趕忙把那位客人請來，不但說了許多感激的話，還真的請他坐了上席，眾人也都拍手稱好。事後，主人新建廚房時，按那位客人的建議，把煙囪砌成彎曲的，柴草也放到安全的地方去了，因為以後的日子還長著呢！

做任何事情，都要同步做好未來的規劃，如果自己沒能意識到，聽聽別人的建議也是好的，防患於未然，總比出了憾事，才急忙去補救來得重要。

防患於未然，是對突發危機的預先準備，是對未來的預測以及採取的相應措施。洪水未到先築堤，豺狼未來先磨刀。中國有句成語「未雨綢繆」，說的就是這個道理。還沒有下雨，就先補好屋頂，這樣在暴風雨來臨的時候，才能在溫暖的房屋中躲避風雨的襲擊。防患於未然，不僅可以避免突發災難，還可以將未來的損失降低到最低。

亡羊補牢，不如防患於未然，與其在事故發生之後採取彌補措施，不如在狀況發生之前就對可能發生的危機進行防範。

總之，在這個迅速發展的社會裡，我們需要做到「防患於未然」，也許你現在的生活過得很滿足、很舒適，但誰也不知道風雲變色，會不會突然某天便陷入危機四伏的境地。或許你現在過得很不如意，鬱鬱不得志，但不知道哪一天，會突然有一個絕佳機會由天而降，從此改變了你一生的命運。這些都是難以預測的。

居安思危，防患於未然，是智者避免災禍的箴言，是降低損失的最佳措施。在變化萬千的社會之中，無論是國家還是個人，都應該牢牢握住防患於未然這把鑰匙，打開通向安全平穩的未來的大門，將災難和不幸擋在門外。

【原文】

為之於未有，治之於未亂。

【譯文】

在事情尚未萌芽的時候，就要預先處理；在亂事尚未成形的時候，就要早做防備。

14.柔能克剛

天下之至柔，馳騁天下之至堅，無有入無間。

以柔克剛，既然能克之，柔自然有勝過剛的地方。柔勝過剛的地方其實只有一處，就是柔更耐久。任何一件事的成功，不可否認，熱情是一個重要因素。

所以，所謂的以柔克剛，其實只是耐心、信心、恒心、毅力的比較。在這些方面，誰占了上風，誰就是真正的勝利者。而柔或剛，只是兩者在比較時表現出來的表面形態，這裡所謂的「剛」，不過是浮躁、虛張聲勢、經不起挫折的表現。而柔，則是虛懷若谷，因為對自己充滿信心，勝不驕，敗不餒才有的表現。

有一次，常樅問老子：「我的舌頭在不在」，老子答：「在」；他又問：「我的牙齒在不在」，老子答：「沒有了」。

常樅問他這樣答的理由，老子回答說：「老師您年紀大了，舌頭還在，是因為它柔軟；而牙齒掉了，是因為它剛強。」

常樅在肯定老子回答的同時進一步啟發他，這個道理不僅對舌頭、牙齒如此，對天下萬事萬物也是如此。

有這樣一個寓言故事：

嘴巴裡，有一對做事老是合不來的兄弟——牙齒弟弟和舌頭大哥，他們常為一些雞毛蒜皮的小事吵架。

牙齒說：「人真傻，讓你這軟弱的傢伙當我大哥，也太離譜了吧！」

舌頭看了牙齒一眼，不發一言。

「骨頭一入我這『鬼門關』，便會出現粉碎性骨折。今後乾脆我當你大哥，什麼事你都必須聽我的。」牙齒神氣地說。

舌頭顯然聽不進這種話，只「哼！」了一聲。

牙齒說：「好，你瞧不起我，我還更瞧不起你呢！」牙齒火冒三丈地說。

舌頭也生氣了，大聲嚷著：「你有啥了不起，不就啃一些硬東西嗎？主人吃的東西如果變質的話，我還是第一個產生迅速的反應呢！」

他們你一言，我一語，誰也不服誰地吵了起來，兩人都想當大哥。

這時，一直沉默不語的嘴唇說：「那麼，我們就用一個月的時間來看看，是柔能克剛，還是剛能制柔。」

「好，看我不把它咬個稀巴爛才怪。」牙齒滿心歡喜地說。

「不見得。」舌頭趕緊補上一句。

於是，兩人開始搏鬥了起來。牙齒攻擊舌頭，舌頭每次都輕巧地躲過牙齒的「突襲」，躲避時也輕柔地舔幾下牙根，讓牙根上沾滿了唾液。隨著時間的推移，牙齒漸漸鬆動了，一顆顆掉了，漸漸支撐不住了。

最後，嘴唇下了結論。他語重心長地說：「我們不能以別人的短處與自己的長處相比，我們應該截長補短，不應以貌取人。」

牙齒聽了，慚愧地低下了頭，同時以十分佩服的目光望著輕柔的舌頭大哥。

有時候，我們會被紙張或被細線割傷；小小薄薄的一張紙片，細細長長的一條細線，竟然會割傷手，真是不可思議！但這樣的現象，也充分展現了「柔能克剛」的內聚意義。

什麼樣的方法，可以使來勢洶猛的洪水，流向一定的渠道，得到疏導，不致氾濫成災？是來自順性的疏導；用什麼方法引開擋路的水牛？是來自投其所好的誘導；什麼樣的人，可以讓一個鋌而走險、無惡不作的歹徒放下武器？是得自老母、愛妻、孺子深情的呼喚，喚醒他久被蒙蔽的良知。柔能克剛，是恆久的人間道理。

這是一種心理哲學，也是一種處世哲學，它奇妙在不費一槍一彈、片刀只箭，便能達成目標，完成任務，化干戈為玉帛，化戾氣為祥和。

所謂「四兩撥千斤」，講的正是以柔克剛的道理。俗語說：「百人百心，百人百性。」有的人性格內向，有的人性格外向，有的人性格柔和，有的人性格剛烈，不同的性格各有特點，也各有利弊。然而縱觀歷史，我們不難發現，往往剛烈之人容易被柔和之人征服利用。待人處事，需學習以柔克剛的技巧。

《明史》記載，有一次明武宗朱厚照南巡，提督江彬隨行護駕。

江彬素有謀反之心，他率領的將士，都是西北地方的壯漢，身材魁偉，虎背熊腰，力大如牛。兵部尚書喬宇看出他圖謀不軌，從江南挑選了一百多個矮小精悍的武林高手隨行。

喬宇和江彬相約，讓這批江南拳師與西北籍壯漢比武。江彬從京都南下，原本驕橫跋扈，不可一世。但因手下與江南拳師較量，屢戰屢敗，氣焰頓時消滅，樣子十分沮喪，蓄謀篡位的企圖也打了折扣。喬宇所用的就是「以柔克剛」的策略。

以己之長，克其之短，如果與剛烈之人採取硬碰硬的態度，勢必會使雙方同時失去理智，，做起事來不計後果，最終便會造成兩敗俱傷的局面，事情也很容易搞砸。過猶不及，悔之晚矣。

倘若以柔和之姿去面對剛烈火暴之人，則能開啟另一番局面。恰似細雨之於烈火，烈火熊熊，細雨濛濛，雖說無法當下將火撲滅，卻能有效控制火勢，並逐漸將火滅去。反之，如果掀起陣陣暴雨，雖能立即將火勢撲滅，卻恐添洪水氾濫之災，一浪剛平又起一浪，得不償失。

一塊巨石如果落在一堆棉花上，會被棉花輕鬆地包覆起來。以剛克剛，兩敗俱傷，以柔克剛，則馬到成功。

【原文】

天下之至柔，馳騁天下之至堅，無有入無間。

【譯文】

天下最柔弱的東西，能夠駕馭天下最堅強的東西，「無有」是最柔弱的了，卻能夠進入毫無孔隙的堅強的實體，像水能滴穿巨石，氣能轉動機器，就是最好的例子。

15.健康是金

何謂貴大患若身？吾所以有大患者，為吾有身，及吾無身，吾有何患？故貴以身為天下，若可寄天下；愛以身為天下，若可托天下。

世上沒有任何一種財富，能勝過身體的健康；也沒有任何一種快樂，能超過內心的喜悅。因為失去了健康，再大的財富，也將失去了依存的基礎。如果把生命的健康量化，比擬為1，那麼，權勢、名譽、地位、金錢……等等，人世間的物欲價值，皆為1後面的「0」，一旦離開了1，所有的一切便全歸於0。也就是說，如果我們連生命都無法延續時，還能享用什麼呢？由此可知，健康是我們最大的財富！

一位波蘭青年的家中發生了火災，他的父母和弟妹全部遇難，傷心欲絕的他，解下腰帶，掛在樹上，欲尋短見。被一位白髮老者解救下來。

老者問：「何故自尋短見？」

青年答：「現在的我，一無所有……」

老者望著他結實的身體說：「我覺得你全身是寶。」

青年苦笑著說：「我現在身無分文，哪裡來的寶？」

老者指著青年的頭，說：「我給你十萬兩黃金，把你腦袋裡面的腦髓切一半給我，你幹不幹？」青年搖了搖頭。

「假如買你一隻眼睛，給你一袋黃金，幹不幹？」青年又搖了搖頭。

「那麼把你的雙手剁給我吧！這樣我可以送給你百萬兩黃金。」

「不行，這雙手無論如何不能失去！」青年的態度十分堅決。

「這就對了，一個人有一個聰明的大腦，就可以用智力創造財富；一個人有一雙眼睛，就可以學習致富的本領；一個人有一雙手，就可以通過勞動白手起家。現在你看到了吧！你有多麼豐厚的財富啊，簡直是『金不換』！怎能說身無分文呢？但如果尋了短見，就真的什麼都沒有了，連換金子的本錢也沒有了。」

青年望著老者的背影，若有所悟，自言自語地說：「就是啊，現在我還有個健康的身體。」從此，他背井離鄉到英國打工，最後在美國站穩腳跟，拼搏數年後，成了億萬富豪。

因此，我們可以說，健康是金，是事業的前提、生命的基礎；健康是樂，沒有健康便享受不到生活的樂趣；健康是壽，只有身體健康、愉快地活著，才可「活得長久」；健康是智，智力的發揮要以健康做為後盾；健康是財，是人生最大的財富；健康是福，是每個人在這個世界上最大的權利，充分享受這一權利是最大的幸福。

佛家妙語亦云：「人生最大的財富是健康。」此語雖人人皆知，但要真正領悟，又非易事。試看古今中外之人，或為名所惑，或為利所動，或為官而奔波，或為愛情而苦惱。把名、利、祿、情，視為人生的最高追求，卻遺忘了，人生最大的財富，其實是自身的健康。

人生所擁有的健康遠勝黃金，強健的體魄更是超越一切的財富。我們卻常看到有些人本末倒置，用健康的身體換取財富，例如經常在應酬場合中喝酒過量、為了公事拼命加班、耗盡心力工作卻沒有適當休息、長期處於高度壓力狀態等等，這些都是高度摧殘健康的舉動，如果為了追求人生中次要的「財富」，卻忽略了追求財富的「原動力」——健康，一旦忽略了健康的身體管理，又怎能可能妥善支配自己的財富呢？

健康是人生的基本，也是最大的財富，有了健康就有了希望，有了希望就有了一切；沒有健康，就沒有希望，還會失去現有的一切。

生命是短暫的，健康在生命之中更是最為可貴的元素。健康是生命之源、幸福之本。一個健康的乞丐遠比一個染病的君主幸運，這樣簡單的道理，人人皆知。但面對生活中的許多財富，人卻非常容易迷失。切勿在經歷了無情的歲月，生命的氣息在時間面前耗盡之時，才幡然覺醒，那將是人生中的椎心之痛。切記，財富皆為身外之物，健康才是生命中最大的財富。

【原文】

何謂貴大患若身？吾所以有大患者，為吾有身，及吾無身，吾有何患？故貴以身為天下，若可寄天下；愛以身為天下，若可托天下。

【譯文】

什麼是「貴大患若身」呢？我們之所以會有大憂患，是因為我們常著想自己的軀體。如果我們能夠體認到這個軀體只不過是大自然中累世輪迴的一部分，我們就不會再有憂患。所以，如果能把天下當作自己的身體般珍惜，就可以把天下交給你；如果能把天下當作自己的身體般愛護，就可以把天下托付給你帶領。

第三章

生活中的莊子智慧

莊子，人類史上最具精微智慧和洞察力之人，他是道家學說的集大成者，中國最偉大的哲學家之一。他是一位達人，一生悠遊快樂，絲毫不為世俗所累。面對芸芸眾生，他滔滔不絕，分析是非、真假、美醜、生死、夢與覺、德與不德、用與無用、齊與不齊、王與寇、人與物、大與小、辯與不辯、藏與仕……

莊子以自己獨特的見解，帶領著人類的思想，以一種正確的意識，指導我們的行動。讓我們一起學習莊子的觀點，用莊子的智慧來改變我們的心態，擺脫做人的煩惱，達到莊子的逍遙境界。

1.不要排斥瑣碎的小事

為老人折枝，是不為也，非不能也。

生活中的「凡人小事」，因為它「凡」，它「小」，人們常常看不起，而不屑去做。然而，「汪洋大海匯聚於小溪」的道理卻是人人皆知的。可惜的是不少人並沒有從中受到教益。那些「心比天高，命比紙薄」的人，那些常慨歎懷才不遇、英雄無用武之地的人，最大的弱點是不清楚自己所處的環境，不明白事情的大小，不知道什麼事應該做，什麼事不應該做。事實上，微不足道的事，往往正是能夠成就事業的重要元素。

事實證明：很多「小事」都是成就「大業」的基礎。前蘇聯的著名昆蟲學家柳比歇夫從青年時代便開始實行時間統計法。他詳細地記下了自己時間的支出，掌握了支配時間的主動權，避免了時間的浪費。出門旅行，他隨身攜帶書籍，學習外語，充分運用零碎的時間；在實地考察各種害蟲工作時的空閒裡，他搜集了一萬三千多隻、三百多種地蚤標本，比當時動物研究所的標本還多出五倍。這個對時間「斤斤計較」的人，在一生中取得了豐碩的研究成果：發表了七十餘部學術著作，寫了一萬二千五百張打字稿的論文，內容涉及昆蟲學、哲學、遺傳學等等。柳比歇夫如果沒有把握零星時間學習研究，如果不是一次次地探求，一項一項地積累資料，那麼眾多的學術論文，劃時代的科學發現又從何而來？他的成功，揭示了一個道理：偉大的成就正是在分分秒秒的時間裡，在一點一滴的辛勤勞動中獲得的。正是生活中點點滴滴的小事，經過日積月累之後，才能創造出奇跡。毫末般的「小事」是摘取事業成功桂冠的階梯，是事業結出豐碩果實的沃土。如果拒絕做「小事」，偉大的理想將永遠是空中樓閣。

小事的積累會成大事。因為大事之中永遠包含著許多小事，許多小事集合起來也將累積成大事。例如《荀子‧勸學》提到：「積土成山，風雨興焉；積水成淵，蛟龍生焉……不積跬步，無以至千里；不積小流，無以成江海。」李斯〈諫逐客書〉提到：「泰山不讓土壤，故能成其大；河海不擇細流，故能就其深。」這些古人名言，都在在提示著我們：積累將可使量變質變，辨小事成就大業的道理。

自古以來，成功者之所以能取得別人無法達到的成就，都有一個共同的特點：他們不拒絕做一些看似十分瑣碎的小事。日本「經營之神」松下幸之助就是一個很好的例子。

有一天，松下幸之助來到一家代銷店進行業務訪問。寒暄過後，店主抱怨：「現在的生意越來越難做，真不知道我這個小店還能維持多久？為什麼您的生意越做越大，無論景氣不景氣您都能賺錢，有訣竅嗎？」

「做生意的訣竅，無非是做好每一件小事。」松下回答。

「說到用心，該想的辦法我都想過了，生意卻不見起色。」店主說。

松下微笑著說：「是這樣嗎？」

正說著，一個小孩蹦蹦跳跳跑進來，說：「伯伯，我買一個燈泡，四十瓦的。」

店主中止了談話，轉身取出一個燈泡，在燈座上試一下功能，確認是好的，然後把燈泡交給小孩，收取現金。然後小孩又蹦蹦跳跳地跑出去了。

松下問：「平時你都是這樣做生意嗎？」

店主說：「是的。有什麼不妥嗎？」

松下說：「你這樣做生意是發不了財的。」

「為什麼？」店主感到很納悶：生意不這樣做，那該怎麼做呢？

松下說：「那孩子來買燈泡時，你為什麼不跟他聊幾句呢？比如：『小朋友，上幾年級了？長得可真高啊！』拿燈泡給他時說：『回去告訴媽媽，如果燈泡不好用，可以來退換喔！』孩子將你的話帶回去，他們全家就都知道這兒有一個很熱情的店主，下次買電器，肯定會來找你。」

店主頻頻點頭，覺得確有道理。

松下又說：「還有，那孩子蹦蹦跳跳跑出去時，你為什麼不提醒他走慢些呢？萬一燈泡因此損壞，他的家人礙於情面，也不好意思找你麻煩，但也會對你的商店留下惡劣印象吧！」

店主恍然大悟。這才意識到，自己平時確實太不注意這些小細節了！

其實，這一點點的小事正是人與人之間溝通的基礎，如果能夠與顧客建立良好的溝通管道，你的事業一定會順利運作，沒有困難。

不要輕視小事，小事能成就大業。生活中，那些創大業者，幹的並非都是驚天動地的大事，他們往往從小事做起，把一件又一件容易做成的小事，耐心地做好、做完美，然後用這一件件漂亮的小事，構築起自己人生成功的里程碑。

很多人都想幹一番大事業，但在工作的過程中，對於一些小事卻總是不屑一顧，敷衍了事。或總是認為自己正在從事的工作是微不足道的，殊不知事無大小，只要努力去做，盡心盡職，總有出頭的一天，因為，只要是黃金，就會有發出燦爛光芒的一天！

【原文】

為老人折枝，是不為也，非不能也。

【譯文】

抬起手來為老人家折下一支柳條，這不是做不到的事，只是不想做罷了。

2.以誠待人，不可虛偽

不精不誠，不能動人。

在一個雨夜裡，一對老夫婦匆忙走進一間旅館，他們要求住宿一晚。旅館的夜班服務生禮貌地說：「非常抱歉，今天的房間已經被早上來開會的團體訂滿了。不過，現在外面下著大雨，因為我今晚要值班，可以在辦公室休息，順便處理一些問題，剛好可以為你們提供一些方便，你們可以住在我的房間，雖然不是豪華的套房，但還挺乾淨的。」這位年輕人很誠懇地提出建議。

老夫婦雖然本來是想訂一間豪華套房，但聽了年輕人的話，便接受了他的建議，並對造成服務生的不便致歉。

第二天，雨過天晴了，老先生前去結賬時，櫃檯仍是昨晚的那位服務生，這位服務生依然親切地說：「昨天您住的房間並不是飯店的客房，所以我們不會收您的錢，也希望您與夫人昨晚睡得安穩。」

老先生點頭稱讚：「你是每個旅館老闆夢寐以求的員工，或許改天我可以幫你蓋棟旅館。」

服務生有些受寵若驚，但是因為那位老先生的話實在有些太誇張了，所以他並沒有當真，只是把它當成一句玩笑話。

幾年後，服務生還在那一家旅館工作。有一天，他收到一位先生寄來的掛號信，信中說了那個風雨夜晚所發生的事，另外還附一張邀請函和一張紐約的來回機票，邀請他到紐約一遊。

在抵達曼哈頓數天後，服務生在第五街及三十四街的路口遇到了這位當年的旅客，這個路口正矗立著一棟華麗的新大樓，老先生說：「這是我為你蓋的旅館，希望你來為我經營，記得嗎？我在幾年前就曾提出這樣的建議，告訴你吧！我可是認真的。」

這位服務生驚奇莫名，他結結巴巴地說：「你是不是有什麼條件？你為什麼選擇我呢？你到底是誰？」

「我叫威廉・阿斯特，我沒有任何條件，我說過，你正是我夢寐以求的員工。」

這棟旅館就是華爾道夫飯店，這家飯店在一九三一年啟用，是紐約極致尊榮的地位象徵，也是各國高層政要造訪紐約下榻的首選。當時接下這份工作的那位服務生就是喬治・波特，一位奠定華爾道夫世紀地位的人。

到底是什麼樣的力量改變了一位服務生的命運呢？很簡單，就是他真誠的服務態度讓威廉・阿斯特感動，因此認為喬治・波特正是自己心裡夢寐以求的好員工。如果那天晚上是另外一位服務生值班，他會有喬治・波特那麼幸運嗎？如果喬治・波特因客滿而讓老夫婦淪落於狂風暴雨中，恐怕他就只能繼續當一個小服務生。

誠信是古人推崇的一種人格境界，它要求人們真實無妄，誠實無欺。誠信是一種個人修養，只有內心誠實，才能善待父母、善待朋友，進而維護更高層次的社會關係。

誠信是為人處世的起碼原則，如果在交往中不講誠信，既會傷害別人，也會傷害自己。不講誠信的人可以欺人一時，但不能欺人一世。這種人一旦被識破，在社會上就難以立足。

誠實守信，大到對國家的忠誠堅守，小到從不說謊，信守諾言。人無信則不立，業無信則不興，國無信則不寧！古今中外，誠實守信的事例不勝枚舉。司馬遷冒著生命危險直接評判漢武帝；魏徵犯顏極諫，如實指責唐太宗；東漢的戴就在威逼利誘下，寧死也不說謊陷害別人……

由此可見，誠信的重要性。為人處世，做事立業，最講一個「誠」字，最重一個「信」字。誠實是守信的基礎，守信是誠實的體現，兩者緊密聯繫，融為一體。離開了誠實，人就會言而無信；而言而無信的人，往往會踐踏道德，漠視文明。

以誠待人，就像是為自己植一棵樹，給世界一片綠蔭，給人心一片清涼。人以誠為本，要想成就一番事業，改變自己的命運，必須以誠待人，才能事事順遂，處處方便。

【原文】

不精不誠，不能動人。

【譯文】

不真誠，就不能打動別人。應以誠待人，表裡如一，不可虛偽。

3.君子之交淡若水

> 君子之交淡若水，小人之交甘若醴；君子淡以親，小人甘以絕。

莊子的這句名言世人皆知，之所以被認可，並能在社會廣泛流傳，是因為它道出了交朋友過程中的道理，可以說是交朋友的「金科玉律」。這句話闡明了中國人的兩個交友法則：一個是「淡」，一個是「水」，或者說叫「若水」。

「若水」很容易理解，水是常態，無色無味，清淡明淨，最普通不過。交朋友如若像水一樣保持一個平常的心態和平常的禮節，那麼，這就是為人推崇的「君子之交」。這裡的心態又包括了像水一樣的心情和態度，禮節則包含了像水一樣淡泊的禮儀和節制。

莊子告訴人們，朋友之間的交往分為君子之交和小人之交，並且指出君子之交的好處與小人之交的弊端。

「淡若水」一方面推崇交友應保持一種淡泊，淡得無名利，無貴賤。

當然，「無名利，無貴賤」並不是說交往無任何價值。恰恰相反，結交摯友的價值非比尋常。所以，「淡」的另外一層含義應該特別強調。交往是一定有所欲求的，而無欲求之交往並不存在。所以，「若水」之「淡」並不是讓交友迴避欲求，而是這種欲求應像水一樣——「中和」，保持雙方交往價值的平衡。水之「淡」，源於水的組合成分恰倒好處。氫和氧之恰當配比使得水是那麼的淡。交友之欲求若保持「水」的「中和」，則為君子之交。

為什麼要頌揚君子之交呢？因為君子之間的友誼雖然清純平淡，但卻能夠真實而長久；小人的友誼雖濃烈甜蜜，但虛假多變，經不起時間的考驗。

同道的君子之交則以互相鼓勵、切磋道義和方向、規勸對方過失為目的。友誼是建立在相互信任和理解的基礎上的，彼此道義相同，所以能長久；而小人之交則是建立在私利之上，無利則義斷，這樣的朋友關係，是虛假且短暫的。

君子之交，或出於偶然，或出於必然。時間不是定格在尺規上的刻度，君子之交也是出於天性，雖無故以合，但時間的溪流便是交誼的印證。因為無意而為之，如「無意插柳柳成蔭」之說，自然便是沒有摻加雜物。君子之交淡若水，益清，益純，益久。

唐朝貞觀年間，薛仁貴尚未得志之前，與妻子住在破窯洞中，衣食無著落，全靠王茂生夫婦經常接濟。後來，薛仁貴參軍，在跟隨唐太宗李世民御駕東征時，因薛仁貴平遼功勞特別大，被封為「平遼王」。一登龍門，身價百倍，前來王府送禮祝賀的文武大臣絡繹不絕，可都被薛仁貴婉言謝絕了。他唯一收下的是普通老百姓王茂生送來的「美酒兩罈」。

一打開酒罈，負責啟封的執事官嚇得面如土色，因為罈中裝的不是美酒而是清水！

執事官說：「啟稟王爺，此人如此大膽敢戲弄王爺，請王爺重重地懲罰他！」

豈料薛仁貴聽了，不但沒有生氣，還命令執事官取來大碗，當眾飲下三大碗王茂生送來的清水。在場的文武百官不解其意，薛仁貴喝完三大碗清水之後，說：「我過去落難時，全靠王兄弟夫婦經常資助，沒有他們就沒有我今天的榮華富貴。如今我美酒不沾，厚禮不收，卻偏偏要收下王兄弟送來的清水，因為我知道王兄弟貧寒，送清水也是王兄的一番美意，這就叫君子之交淡如水。」

此後，薛仁貴與王茂生一家關係甚密，「君子之交淡如水」的佳話也就流傳了下來。

有些人締結友誼，純粹出於自私自利的動機，他們以利益為出發點來擇人交友。若某人能給他帶來好處，他便投其所好，頻頻交往，還美其名曰「感情投資」。一旦認為該人對他沒有用處了，就疏於交往，「友誼」也就告吹了。

有些人交友是為了害友，有的人為了達到不可告人的目的，或者是為了實施某些違法的行為，不擇手段地尋找勾引的目標。一旦選中了，便千方百計拖其下水。他們或威脅、或利誘、或欺騙，種種手段使原來品行良好的人走上了邪路。這類朋友是可怕的、惡毒的，和這樣的朋友交往，無異於自我毀滅。

管仲和鮑叔牙之交已成為千古美談，他們的友誼就是建立在互相信任與理解的基礎上。

管仲的祖先是姬姓的後代，與周王室同宗。父親管莊是齊國的大夫，後來家道中衰，到管仲時已經很貧困。為了謀生，管仲當過商人，到過許多地方，接觸過各式各樣的人，也見過許多世面，從而累積了豐富的社會經驗。他幾次想當官，但都沒有成功。管仲有位好朋友鮑叔牙，兩人友情很深。他們倆一起經商，但賺了錢，管仲總是多分給自己，少分給鮑叔牙。而鮑叔牙卻不和管仲計較。他認為管仲家貧困，又有年邁的母親，全靠他一人供養，多分給他一些也是應該的。

管仲為將曾有三戰三敗的醜事，大家都笑話他是懦夫，只有鮑叔牙理解他，知道他之所以不敢拼命是家有老母，無人照料。管仲被俘投降，大家都笑話他貪生怕死，只有鮑叔牙理解他，知道他是想為天下做大事而不羞於小節。在長期交往中，他們兩人結下了深情厚誼，管仲多次對人講過：生我的是父母，知我的是鮑叔牙。

後來，公子小白當了國君後，就任命鮑叔牙當太宰，鮑叔牙卻謝絕說：「我只是國君的一個平庸的臣子，您給予我恩惠，不叫我受凍受餓，就是國君對臣子的恩賜了。如果一定要治理國家，那不是我所能做到的；如果一定要治理國家，那大概就只有管仲了。我比不上管仲的地方有很多……」鮑叔牙卻把已經到手的宰相之位讓給了自己的好友管仲，而管仲又是怎麼回報他的呢？

當管仲病危，齊桓公向他徵求誰可繼任宰相一職，問他鮑叔牙行不行，管仲一口回絕說：鮑叔牙最大的毛病是人品太好、太清了，當宰相的人必須能包容一切，包括一些骯髒的東西，叔牙不合適。鮑叔牙知道這件事後，不但不生氣，反而很高興。從相識到最後，他們真正做到了「君子之交」，能為世人所傳誦，也是順理成章的事了。

人世間真正的友誼淡得像清水一樣，它不以金錢、地位等為基礎。所以那些在飯桌上面紅耳赤地稱兄道弟推杯換盞，動不動就為了「偉大的友誼」連幹三碗的人們，不是真正的朋友。

在失意的時候，是朋友的一聲聲問候，喚回動盪已久的心，這友情就是水，如果沒有了它，嘴唇會乾澀；鼻子吸進寂寞，呼吸之間嗅出恐懼，眼耳之間體會的盡是孤單……友情是水，是一汪清澈的水，融不得半點砂。

誰能夠划船不用槳，誰能夠揚帆沒有風向，誰能夠沒有好朋友，友情是水，水是甜的，要甜一起甜；友情是水，水是淚，淚是苦的，要流一起流，這才是友誼的真諦。

【原文】

君子之交淡若水，小人之交甘若醴；君子淡以親，小人甘以絕。

【譯文】

品德高尚的人與朋友交往清淡如水，所以能長久相親，而品德卑劣的人與朋友交往只求名利之甘美，因而容易斷絕。

4.戰勝自我，繼續追求

舉世而譽之而不加勸，舉世而非之而不加沮。

人生最大的敵人是自己，是自己的膽小、怯懦，害怕困難、害怕挫折，沒有信心、沒有勇氣，沒有人生目標和信念。

每個人在成長的道路上，總是在不斷地挑戰自我、戰勝自我，在這一過程中，不斷地攀升至新的高度。有了成績，沾沾自喜時，需要戰勝自滿；碰到困難，灰心喪氣時，需要戰勝挫折；渾渾噩噩，碌碌無為時，需要戰勝平庸；看到別人進步，覺得嫉妒時，需要戰勝負面情緒；缺乏自信，意志消沉時，需要戰勝膽怯……只有不斷「戰勝自我」，方能健康地成長，愉快地成長，體會到生活的樂趣。

戰勝自我，超越極限，要有過人的勇氣，從動物界來看，見過蟬蛻殼的人都知道，要破繭新生，關鍵在於衝出蟬殼時使出了多大的力氣，倘若力氣不夠或半途而廢，蟬最終會窒息而死。動物界尚且有這樣的規律，何況於人？哥白尼提出日心說之時，正值教皇統治無比黑暗的時候，他不畏懼教皇勢力對他的殘酷打擊，堅持捍衛自己的觀點，為人類科學的進步做出了卓越的貢獻。

蘇東坡一生命運多舛，然而他還是寫出了「大江東去，浪淘盡，千古風流人物」這樣氣勢磅　的詞句。身處逆境之中，仍保持超然物外、隨遇而安的灑脫態度，當他年過花甲，以抱病之軀從荒遠的海南島赦還之際，仍毫不在乎地說：「九死南荒吾不恨，茲游奇絕冠平生。」正是他以戰勝自我造就了他的曠達與豪放。

人生本無戰場，人生也不需要去尋覓對手，它只是一局自己與自己下的棋，是你的勇氣、堅韌、執著、智慧與你的膽怯、退縮、軟弱、愚蠢之間的一場較量，所以你生來便無處可藏，你只能在「戰勝自我」或「輸給自己」兩者之間做出抉擇⋯⋯。

戰勝自我，超越極限，要有堅定的信念。堅定的信念是一個人取得成功的先決條件，偉大著作《史記》的創作者司馬遷，曾飽受牢獄之災，但他立志要「通古仿之變，成一家之言」，最後終於達成心願；孫子臏腳，《兵法》修列；不韋遷蜀，世傳《呂覽》；韓非囚秦，《說難》、《孤憤》，這些例子無一不說明了堅定的信念對成功的重要。

有一個人，他在二十一歲做生意失敗；二十二歲角逐議員落選；二十四歲做生意再次失敗；二十六歲愛侶去世，二十七歲一度精神崩潰，三十四歲角逐聯邦眾議員落選，三十六歲角逐聯邦眾議員再度落選；四十五歲角逐聯邦參議員落選，四十七歲提名副總統落選，四十九歲角逐聯邦參議員再度落選，但他的一生都沒有放棄追求，沒有向命運妥協。終於在他五十二歲時當選為美國第十六任總統，這個人就是林肯。

西伯拘而演《周易》，仲尼厄而作《春秋》，拿破崙・希爾經歷了無數次失敗之後，終於成為了世界頂尖級的銷售員，貝多芬失聰，卻譜寫出《命運交響曲》這樣的讓後人難以超越的曲子……

科學家曾做過一個有趣的實驗：把跳蚤放在桌子上，一拍桌子，跳蚤立即跳起，跳起的高度超過其身高的一百倍以上。接著，在跳蚤頭上罩一個玻璃罩，再讓牠跳，跳蚤碰到玻璃罩彈了回來。重複這樣的步驟多次以後，跳蚤跳躍時已能保持在罩頂以下的高度。這時，科學家移開玻璃罩，再拍桌子，跳蚤已經不跳了。這時的跳蚤已從當初的「跳高冠軍」變成了一隻跳不起來的「爬蚤」。

我們知道，跳是跳蚤的天生能力，而跳蚤變成「爬蚤」，是因為喪失了跳躍的能力嗎？當然不是。之所以這樣，是跳蚤在一次次碰壁後，產生了一種消極的思維定勢：牠知道自己跳得高了會碰壁，於是為了適應環境而主動地降低跳躍的高度，於是在一次次受挫之間，牠的信心漸漸被吞噬，最後在失敗面前逐漸變得習慣、麻木了。

無數的事實證明：堅忍不拔、永不放棄、自我戰勝的特質，才能造就出卓絕，才能創造出奇跡。在日常生活中，一個絕境就是一次挑戰、一次機遇，如果你不是被嚇倒，而是奮力一搏，也許你會因此而創造超越自我的奇蹟。

《簡愛》的作者夏綠蒂・勃朗特曾意味深長地說：「人活著就是為了含辛茹苦。」人的一生肯定會遭逢到各式各樣的壓力，讓自己的內心總經受著煎熬，但這才是真實的人生。確實，沒有壓力可以輕飄飄的，沒有壓力肯定沒有作為。選擇壓力，堅持往前衝，相信你一定能夠成就自己。

曾有人舉行過這樣的百米賽跑：他把人們引到一個橫掛著許多繩索的房間裡，讓他們先熟悉這個房間。然後，他蒙上了所有人的眼睛，讓他們從房間的一頭以最快的速度跑到房間的另一頭。比賽開始後，人們唯恐被繩索絆倒，都小心翼翼的摸索著。只有一個人，他不顧一切的衝向終點，結果獲得了比賽的冠軍。其他人都覺得非常納悶，為什麼獲得冠軍的這個人沒有被絆倒？原來，在比賽開始之前，房間裡的所有繩索都被解開了，真正阻止人們快速前進的，是人們心中的繩索。

其實，世界上本沒有真正難以逾越的鴻溝。真正難以戰勝的，正是人們自己。如果我們少一些不必要的顧慮，我們的生活也將更美好。

當烏雲布滿天空的時候，勇敢者看到的是「甲光向日金鱗開」，怯懦者看到的是「黑雲壓城城欲摧」。孟子說：「天將降大任於斯人，必先勞其筋骨，餓其體膚，空乏其身」。在我們生活中，也是這樣，總是沒有那麼多的一帆風順，沒有那麼多的心想事成，更多的只有挑戰，只有是困難，我們該怎樣面對這些挫折和困難呢？

漫長的人生道路，就好像一條射線。儘管會遇到許許多多、大大小小的困難與挫折，但一直以來，我們都是頭也不回的向前邁進，去迎接一個個困難，挑戰一個個困難，不能退縮，也不能因為困難而停滯。今天的我們，站在同一條起跑線上，共同朝著那個理想的目標前進，只要定下了目標，就要義無反顧的向前衝，不論遇到多少艱難險阻，風吹雨打，都要堅定不移，直到攀上了理想的山峰，也仍應不斷進取，勇於開拓。

「機會靠自己爭取，命運靠自己把握」，「千淘萬流雖辛苦，吹盡狂沙始到金」，沒有經歷風雨，如何能見到彩虹呢？朋友，我們不要再抱怨，不要再猶豫，勇敢的伸出你的雙手，去創造一片屬於自己的天空吧！

【原文】

舉世而譽之而不加勸，舉世而非之而不加沮。

【譯文】

世上的人們都讚譽他，他不會因此越發努力，世上的人們都非難他，他也不會因此而更加沮喪。

5.沉默的價值

屍居而龍現，淵默而雷聲。

人的性格是多種多樣的：自私、貪婪、熱心、善良……沉默也是一種性格表現，還可以是一種高尚的品質。沉默，不代表孤僻，不代表與世隔絕，而是內心的一種境界，是一種超越世俗的思想，好比萬里長空中漂浮的一朵淨白的雲，隨風而動，與世無爭，但卻能吸引人們投以無數關注的目光。沉默，不代表一無所獲，而是對生命中的東西有所選擇，放棄，是為了獲取更好的，沉默，也許是另類的激情與張揚。

沉默是金。金稀少，昂貴，是財富的象徵。真正能夠做到沉默的人也為數不多。大凡是這樣的人，多少都有一些清高之感。沉默不是每個人天生下來就具備的。沉默不僅僅等於內向、靦腆，它不只反應在性格上，更重要的是反應在思想上。思想是經過後天的經歷而提煉出來的，沉默的人在經過了沈著、坦然，然後在沉默中散發，這是一種何等闊達的胸懷！沉默的人，他們的心像金一樣，是光耀的，閃爍著人性美之光。

沉默的力量像金石一樣堅固。沉默者不因為害怕而退卻、逃避，是為了勇敢的迎接挑戰，做充分的思想準備，準備在行動的那一刻，震動天地。不難想像沉默之後的巨響，醞釀著何等強大的力量！它可以平息爭紛人心中的怨氣，可以澆滅暴躁人心中的怒火。正所謂「忍一時風平浪靜，退一步海闊天空」。你能忍耐不語，和平就替代了爭擾，正所謂此時無聲勝有聲，無言的力量能戰勝一切。

有句古話說：「寡言少語，喜怒不形於色。」這大概是對沉默的一種解釋吧！但是，沉默並不是單純的「寡言少語」，恐怕「喜怒不形於色」才是它的真意。漢朝韓信，少年時能夠默默忍受「胯下之辱」，這需要一種多大的勇氣啊！但也就是在這種沉默之中，韓信積蓄了奮起的力量，最終成為一代名將。所以說，沉默有時是一種睿智的表現，是每個人走向成功的一個新起點。

一切偉大的誕生都是在沉默中孕育的。智者們都從沉默中得到了好處，只有他們才理解沉默的價值。庸陋者以為只有高聲叫賣自己的學問見識才是進取之道，他們對沉默不以為然，不屑一顧。

沉默是溝通中的一種無聲語言，有著豐富的內涵——憤怒、對抗、思考、茫然、反省、安慰、祝福。

沉默不是目空一切的冷傲，不是自命不凡，更不是矯揉造作、弄姿作態。

沉默是一種生命的內在喧響，火山的爆發就是大自然沉默的凝聚和積澱；而人之生命的沉默是對齷齪現實的鄙視、對歷史滄桑的反思、對希望的憧憬、對未來事業的選擇，或是在尋覓探索前進的新航向，選擇一種恰當的角度，構思一種精妙的方式，設計一種合理的結局。

有內涵的人絕不會像暴發戶一樣輕易顯耀自己的聰明，在沒有必要的情況下，他們寧可一言不發。結果他們在沉默中獲得了更大的價值。優秀的養鷹者只養他用得上的鷹，不要天天露才顯能，否則要不了多久，人們再也不覺得你有什麼稀奇處，對自己的才懷抱持保留的態度，偶爾展露些許示人，讓人們對你抱有期望，卻摸不清你的才華究竟有多深。

沉默是重要的交流方式，只聽見語言不會傾聽沉默的人，是被聲音堵住了耳朵的聾子，如同紀伯倫所說，他們「聽見了寂靜的唱詩班唱著世紀的歌，吟詠著空間的詩，解釋著永恆的秘密。」能夠聽懂千古歷史和萬有存在的沉默話語的人，他一定也懂得如何說話。

沉默是一種寧靜的自信。看那嫩嫩的青蘋果，沉默於亮亮的綠色中，經受著風吹雨淋日曬，卻堅定著一個美妙的信念，把金色寫進遠方的秋天；看那默默無聞、無私奉獻的小草，雖然經受著秋霜的踐踏，冬雪的摧殘，但它卻堅定地走自己的路——用生命的綠色描繪世界的春天，用勃勃生機點燃希望之光。

沉默是一種智者的風度，是一種處世的技巧，是一種人生的灑脫，然而矯揉造作、弄姿作態的沉默，卻是不負責任的自我踐踏，它會使生命之樹枯萎、心靈之壤荒蕪。

古人云：「言語是鐵，沉默是金。」「此時無聲勝有聲」，「於無聲處聽驚雷」，「不著一字，盡得風流」……凡此種種，都展現了沉默的魅力。必要的沉默確實是「金」，「無聲」必定是可以勝過「有聲」的。

自發的沉默，在古今中外均被視為人生的美德。中國人說「禍從口出！」所以，人要三緘其口。英國喀拉依耳引用瑞士金言「言語是銀的，沉默是金的」而改造過的：「言語是一時的，沉默是永久的。」

比利時的詩人梅泰林更把沉默推崇得至高無上。他甚至說，言語的溝通靈魂，遠不如沉默來的徹底。尤其是兩人相愛的時候，決定此愛者，乃是來自兩人之間，最初的那一個沉默。沉默的嚴肅，就是愛與死的命運的嚴肅。

不要以為沉默是容忍、麻木、懦弱，沉默表現出的是一種與世無爭的氣量，一種兢兢業業的態度，一種不求回報的奉獻，還有一種超乎常人的智慧。

沉默是金，它代表了永恆的情。「身無彩鳳雙飛翼，心有靈犀一點通。」萬語千言盡在不言中。無需話語一個眼神，一個微笑，一個手勢，足以使兩顆心彼此依靠，彼此安慰。親情、友情、愛情在沉默面前才是真的顯露。畢竟，真愛是心的體驗，是默契的表現，此時無聲勝有聲。

有些時候，我們就是應該保持沉默。在沉默中探索和發現、反省和奮進。同時更要用心去體會沉默的魅力！

我們均應擦亮自己的眼睛，辨清是非，不要被虛偽者的張揚而迷惑，要堅持住自己的原則，把握好審核的尺度，讓沉默的真正智者散發絢麗奪目的金光！

【原文】

屍居而龍現，淵默而雷聲。

【譯文】

沉默之後的力量是巨大的，因為在沉默中積蓄的力量一旦爆發，將會有摧毀一切的氣勢。

6.放棄也是一種美

故九萬里，則風斯在下矣，而後乃今培風。

「擁有」是個極具誘惑力的字眼——擁有財富、擁有健康、擁有愛情……然而，智者卻說：放棄，也是人生一道風景。

司馬遷放棄辱刑的憤懣，而著《史記》；魯迅因放棄學醫，而成為一代國魂；李世民因放棄個人恩怨，而開創貞觀之治；比爾・蓋茲因放棄大學生活，而造就他電腦軟體第一人的成就。

試想一下，假如比爾・蓋茲依然在哈佛深造，學習課本上千篇一律的東西，他還有可能革新電腦界嗎？也許他會成為一名白領，但世界上卻少了一個電腦的天才。他也就不可能成為一個改變世界的人物。

他曾說過這樣一句激動人心的話：「人生是一場大火，我們每個人唯一可做的，就是從這場大火中多搶救一點東西出來。」

本著這種「人生短暫如花火」的信念，他放棄了哈佛的大學生活，及時做出了退學的選擇。才成就了自己的偉業。

一個生命背負不了太多的行囊，拖著疲憊的身軀走在人生大道上，我們註定要拋棄很多。果斷的放棄是面對人生、面對生活的一種清醒的選擇，只有學會放棄那些本該放棄的東西，生命才會輕裝上陣，一路高歌；只有學會放棄煩惱、走出煩惱的困擾，生活才會倍感絢麗，富有朝氣。

在物欲橫流和浮躁的社會中，如果缺乏「放棄」的心態，很難贏得心靈上的寧靜和超越。人生就是一個不斷選擇和放棄的過程。

人生乃一緩慢旅程，道險途危，跋涉此道之人，於登山涉海之中互相幫助，因而結成友誼，但境遷事變而意挪情移，見解之不同、觀點之相左，便會令兩人成為兩條軌跡上的點，漸漸疏於往來而最終分離，這實為自然之理。放棄一段友情雖於心不甘，但彼此既已不再適宜，又何苦相守愚人為之藩籬？放棄，或許會擁有更廣闊的友誼天空。

有些人貪婪的索取，強勢的占有，捨不得「放棄」那原本可有可無的東西，卻最終「放棄」了原本不應放棄的生命。

苦苦的挽留夕陽，是傻人；久久地感傷春光，是蠢人；什麼也不放棄的人，往往會失去更珍貴的東方，捨不得家庭的溫馨，就會羈絆啟程的腳步；迷戀手中的鮮花，很可能就耽誤了你美好的青春。

表面上看似幸福快樂的人，誰又知道他在私底下付出了多少不同尋常的辛苦和努力？誰又知道這個人究竟放棄了什麼，放下了什麼？不論如何，這樣的人至少懂得什麼是真正的放棄；知道用怎樣的心態去放棄，只有學會了放棄該放棄的東西，我們才會感到真正的幸福和快樂。

大千世界，需要放棄的東西原本很多，沒有哪個人可擁有整個世界，對不屬於我們的，要勇敢的放棄。正如一首詩所說：「放棄了父親的懷抱，才能有自己活潑的奔跑；放棄了滿天的星星，才能獲得一個嶄新的黎明。」在跋涉於山阻江隔，風急雨驟的人生旅途中，唯有學會放棄，才能隨遇而安，幸福安詳。從某種意義上講，放棄並不是對追求的背叛，相反的，有時倒更能執著於其間。

生命需要昇華出安靜超脫的精神，明白的人懂得放棄，真情的人懂得犧牲，幸福的人懂得超脫！生命給了我們無盡的悲哀，也給了我們永遠的答案。於是，安然一份放棄，固守一份超脫！

要想採一束清新的山花，就得放棄城市的舒適；要想成為登山健兒，就得放棄嬌嫩日靜的皮膚；要想穿越沙漠，就得放棄咖啡和可樂；要想擁有掌聲，就得放棄眼前的虛榮。

生活有時會逼迫你，不得不放棄機遇，甚至不得不拋下愛情。你不可能什麼都得到。生活中應該學會放棄。

今天的放棄是為了明天更好的擁有。放棄，可以輕裝前進；放棄，可以擺脫煩惱，擺脫糾纏，整個身心沉浸到輕鬆悠閒的寧靜中去。

捨得放棄，才會有重新選擇的機會。人生就是一個選擇。回想過去的人生旅途，每個人無時無刻不在面臨選擇。上帝是公平的，因為他賜予每個人的機會是均等的，同時上帝賦予每個人以至高無上的權利——選擇。選擇一個怎樣的人生取決於你自己，他不會告訴你該怎樣選擇，只是善意地提醒你，人生會因選擇的不同而產生不同的結果。

生命的價值也許就在於只有一次，我們永遠沒有後悔的機會。所有的快樂和傷痛，所有的微笑和淚水，只代表過去。選擇了生，就放棄了死；選擇了希望，就放棄了失望；選擇了明天，就別在留戀今天！

曾經有人用「加減法」來詮釋生命：十歲，失去童真，獲得了青春；二十歲，失去了青春，獲得了理智；三十歲，失去了活力，獲得了成熟……這就是得與失。繁榮一生，又有誰不曾經歷，或者說不會經歷這樣的生命歷程？

當生活賜予我們幸福和歡樂的時候，敞開你的心扉盡情地去擁有，去享受，去追逐，去體驗吧！當生活賜予我們不幸和痛苦的時候，適當地調整自己的心態，當作是生活對自己的考驗，以及磨練自己意志的一劑良藥吧！

人生苦短，應把握好自己所走的每一步，對待生活、工作都要盡心竭力，因為選擇只有一次，得了東就註定與西無緣。西邊再出色，那也是別人的風景。得失之間似乎永遠難以平衡，難以完美無憾。既然得失是不可避免的，何不把握住現在，何需對失去的耿耿於懷。

秉承天地之精華，是一種莫大的得，一生坎坷，不如意事十常八九，是一種無奈的失。要知道酸甜苦辣俱為營養，得失成敗都是收穫，把握好現在，才是最明智、最重要的！

人生如戲，戲如人生。每個人既是自己生命的導演，又是自己生活中的演員。只有讀懂放棄的人，才能笑看人生，擁有海闊天空的人生境界。讀懂放棄，才擁有了成熟，才會活得更加坦然和瀟灑。當你站在人生的十字路口又無法選擇時，何不試著放棄？也許這就是最好的選擇。

懂得放棄，縱然有一點酸、有一點苦、有一點痛，但更多的是輕鬆、愉快、歡樂。學會放棄，你可以裝下許多新的東西。學會放棄，輕裝上陣去迎接新的挑戰，學會放棄，放棄你不需要的，放棄不是你的，放棄一朵花，趁著它在最美麗的時候，那麼在你的心中將永遠留下那份美麗！

【原文】

故九萬里，則風斯在下矣，而後乃今培風。

【譯文】

所以，鵬鳥高飛九萬里，其下有巨風的承載，然後才可乘風而飛。

7.好好享受生活

天地與我並生，萬物與我為一。

今天你要做什麼？昨天你做了什麼？如果你的昨日已經模糊，今日也過得渾渾噩噩。那麼，日復一日年復一年，生活的意義是什麼呢？

「生活的意義是什麼？」這是最難回答、最需要回答，同時又最模糊不清的大問題。年輕時思考這個問題，是因為生命的航船剛剛啟程，需要選擇航向；人到中年思考這個問題，是因為要檢討自己的努力是否有價值，是否還要堅持；垂暮之年思索這個問題，是因為生命將盡，盤點一生，所有的付出意義何在？

生活是什麼？生活是一首歌，生活是一場戲，生活是一壺陳年老酒……

生活是一杯水，加糖是甜，加鹽是鹹，不管怎樣都有一種滋味。快樂和痛苦也往往總是結伴而來，但只要我們心中有一片不老的芳草地，那麼在生活的激蕩中，就不必為擦肩而過而傷感，不必為失之交臂而惋惜。

生活是什麼？是柴米油鹽，是婚姻，是事業，是情感。實際上生活包含很多內容，如果一定要用一句話來概括的話，我們可以說：生活就是一種態度。

你的生活由你自己來創造，是精彩、是平淡、是幸福、是哀傷，都由你的生活態度去決定。

人的生命是有限的，怎樣才能在有限的人生裡快樂的生活呢？

任何負面的情緒只要與愛接觸，就如冰雪遇上陽光，很容易就融化了。福克斯說：「只要你有足夠的愛心，就可以成為全世界最有影響力的人。」

擁有快樂其實很簡單，只要忘記煩惱和憂愁，用一顆寬容的心去看待生活。當你帶上耳機，聽著悠揚的音樂，你會發現這就是快樂。當你睜開眼睛，發現陽光從窗外射入，你會發現這就是快樂。當你面帶微笑向別人問好時，你會發現這也是快樂。當你燒了一桌子菜，等待父母回來時，你會發現這更是快樂。

享受生活，做任何事情都要帶著無比的熱情，熱情具有偉大的力量。十九世紀英國著名首相狄斯雷利說：「一個人要想成為偉人，唯一的途徑便是做任何事都得抱著熱情。」熱情也可以讓自己的生活充滿快樂。

當你是夜空中的一顆星星，快樂將會點亮一角天空；當你是藍天中的一朵白雲，快樂將會畫出更美麗的藍天；當你是一朵鮮花，快樂將會永遠綻放在草坪上；當你是一位老師時，快樂是讓所有學生都快樂。

學會享受生活，才能珍惜生活，從而激發自己去創造生活，生活才會有奇蹟出現。

保持一份生活的明淨，而不流於世俗。有雲的日子裡，不再悲傷，輝煌的歲月中，不要忘形。以平常的心態善待生活，以平靜的心態追求目標。生活需要激情，但不要刺激，不要貪婪，更不要困死於金錢、權利、美色。

生活需要快樂，只有快樂的生活，才是幸福的生活。直接去感悟快樂，珍惜快樂吧！它就在你的身上，只要你執著於這一點，快樂就會永遠地伴隨著你。

其實，人的生命裡時常會有失去陽光的日子，就像種子被埋在土裡一樣，埋得很深的種子，從發芽到出土，要面臨諸多的艱難，但它們仍執著地向上生長，因為它們知道，陽光就在自己的頭頂。誠然，有時現實難以改變，但心情是可以改變的。美麗的生活是需要我們用心去發現的，換個角度生活，選擇積極，選擇樂觀，勇往直前，不拘泥於過去的是非得失，相信會有意想不到的收穫，迎接而來的將是一片燦爛和希望。

生活本來不易，生命本多苦痛，就讓快樂僅僅成為快樂吧！順從我們的天性，去盡情享受我們能擁有的每一份快樂，好好的享受生活吧！

【原文】

天地與我並生，萬物與我為一。

【譯文】

人生和宇宙萬物一樣，無動而不變，無時而不移，循環往復，生化不休，生生死死，出於道而又入於道。

8.不戰而屈人之兵

聖人之用兵也，亡國而不失人心。

不戰而屈人之兵和兵不血刃一樣，是一種理想，是戰術的最高境界。真正的名將，是用「謀攻」為戰爭藝術之最高境界，這是一種戰術，即不打硬戰，以鬥智之方式而屈服敵人。前者須經過慘烈的搏殺，自身必有重大損失，而後者既可保持戰果，又沒有損傷自己的實力，所以是用兵的最高境界。但是這不能完全以單方面的意志為準則，必須要具備多方面的因素和條件才有可能達到。

首先要有相應的實力，尤其是高規格的軍事實力。在有些情況下，強大的軍事壓力可以迫使敵人屈服。其次要有百戰百勝的能力，一支英勇善戰的常勝軍可以令對手生畏，在這樣的軍隊面前，兵不血刃而使敵人屈服是有可能的。

其實，不戰而屈人之兵是很陰險的一招。因為當你戰鬥的時候，把武器一一列出，對方很清楚。而明槍易躲，暗箭難防，有句俗語說得好，有時你死了都不知道自己是怎麼死的。此乃不戰而被人屈也。在軍事術語中這或許叫做突襲，就是趁人不備捅人一刀，有時還要跟著發喪。因此，戰而屈人之兵，需要的是一種戰鬥的勇氣和必勝的信心，但不戰而屈人之兵需要的是智謀，有時甚至是一種忍讓精神。

歷史上以無形之力屈他人之兵的軍事例子，最為著名的還是垓下之戰，「漢兵已略地，四面楚歌聲。大王意氣盡，賤妾何聊生！」一曲楚歌便能盡潰軍心而造成漢勝楚亡的局面，足以見得，「軟兵器」之厲害。

西元前二〇六年，秦王朝滅亡後，以項羽和劉邦為首，形成了兩大勢力。他們為了爭奪農民起義勝利的果實，進行了殊死搏鬥。在四年多的時間裡，大戰七十次，小戰四十次，劉邦屢戰屢敗。身受重傷十二次。西元前二〇五年至西元前二〇三年，楚漢兩軍在成皋（今河南滎陽西北）、滎陽（今河南滎陽東北）一帶進行了一次決定性的大戰。一開始楚軍比較強大，由於在政治和戰略上不斷犯下錯誤，逐漸喪失主動，雙方形勢發生了根本變化。西元前二〇二年十月，項羽引軍東撤，劉邦率軍實施戰略追擊。同年十二月，項羽軍被包圍在垓下（今安徽靈壁縣東南），陷於一籌莫展的慘境。

為了進一步動搖和瓦解楚軍，一天夜裡，劉邦下令漢軍站在四面，合唱楚歌。楚軍聽了，益發懷念自己的家鄉。項羽聽了，大為震驚，說：「漢軍已經完全佔領了楚國的土地了嗎？為什麼楚人這麼多？」

項羽惶惶然不能入睡，深夜在軍帳裡喝酒。他一面喝酒、一面激昂慷慨地唱起歌來，歌曰：「力拔山兮氣蓋世，時不利兮騅不逝！騅不逝兮可奈何？虞兮虞兮奈若何！」

據說他的愛妾虞姬也起而和唱，歌曰：「漢兵已略地，四方楚歌聲。大王意氣盡，賤妾何聊生！」唱罷，拔劍自刎而死。

項羽見大勢已去，帶了八百騎兵連夜突圍南逃。第二天天亮，劉邦發覺項羽突圍而去，便派灌嬰帶領五千騎兵追連趕。

當項羽渡過淮河時，跟隨他的騎兵只剩下一百多人了。項羽到達陰陵時（在今安徽定遠縣四北），迷了路，陷進湖沼地帶，被漢軍追及。項羽領兵且戰且退，退至和縣烏江，被迫自刎。劉邦乘勝追擊，旋即平定了江南，建立了漢朝一統天下。

「不戰而屈人之兵」，戰爭的實質，是攻擊敵人的謀略；戰爭所爭奪的，是民心士氣的控制；戰爭的關鍵，在於雙方統帥的決策能力和性格特質。而在雙方交手的過程中，心理戰的精髓就是尊重他人，給對方一條後路，同時也留給自己一條後路，於人於己都不是壞事。

【原文】

聖人之用兵也，亡國而不失人心。

【譯文】

偉人用兵打仗是使用謀略的，即使是滅亡了其他國家，也不會失掉戰敗國的人心。

9.有得失才有智慧

行事之情而忘其身，何暇至於悅生而惡死！

失去是一種痛苦，也是一種幸福，因為失去的同時，我們也得到了一些東西。失去太陽，可以欣賞滿天的繁星；失去綠色，得到了豐碩的金秋；失去青春歲月，我們走進成熟的人生。生活，需要享受喜悅，也應感受「失去」的況味，因為有得失才有智慧。

難道「得」一定比「失」好嗎？「失」一定很痛苦嗎？如果我們能夠換一個角度來看問題，一定會發現新的答案。

幸福的人生，不是簡單的得到和占有所能達到的，它是一種心情，一種恬淡、安寧的精神狀態。有所爭，有所不爭，拿得起，放得下，既追求不止，又時感滿足，如此一來，幸福時光便能與你相伴！

其實得與失在我們心中，只有一線之隔，我們意以為得，就是得意；意以為失，就是失意，所以顏回居陋巷，一簞食，一瓢飲，也能得意在其中。秦王統一六國，兼併天下，也能失意於其間。大約有得必有失，有失必有得；所得既多，便是增加，也不覺得欣喜，稍有所失，便惶惶恐恐；所失既多，就是再失，也不感到痛苦，稍有所獲，便十分快樂。如此說來，得意何嘗不是失意之由，失意又何嘗不是得意之由呢？

我們總是在人生的舞臺上，扮演自己習慣的角色。在演出時，不由得想對觀眾有個交代，常常不由得把結果的效應誇大了。如果我們看淡這場演出，降低對它的期望，注重過程，忽略結果，我們會感到格外輕鬆！

泰戈爾說：「如果你因失去太陽而流淚，你也將失去群星。」這番話，讓我們明白了得到是一種幸福，失去是另一種幸福，讓我們把握今天，不企求、不放棄，隨遇而安。

患得患失的人，總是苦惱的。他們對取捨猶豫不決，已經擁有一些自己並不需要的多餘事物，卻還費盡腦汁地設法繼續增加這些事物。為了這些事物終日煩惱，長此以往，只會損害身心健康，與其擔憂失去，不如直接拋棄，只要能做到，將可換來心情愉快，豈不是更好嗎？

以另一種角度思考，人生本來就是這樣，永遠都在「得」與「失」二者之間，不斷的交替中度過，而人們總是傾向於「得」，並刻意迴避著與「得」相輔相成的「失」，必須謹記的是，我們在「得」之時應避免「沾沾自喜」，在「失」時也不應該灰心喪氣，因為，得失是一種人生的智慧，這是一種事實，更是一條真理。

【原文】

行事之情而忘其身，何暇至於悅生而惡死！

【譯文】

能夠僅僅面對事情而忘卻自身得失，也就沒有樂生惡死的心思，這樣在行為上才算合乎自己的身分。

10.得意忘言

筌者所以在魚，得魚而忘筌。蹄者所以在兔，得兔而忘蹄。言者所以在意，得意而忘言。吾安得忘言之人而與之言哉！

得意忘言，語出於《莊子・外物》。原意是說，言詞是表達意思的，既然已經知道意思，就不再需要言詞。後來用於比喻彼此心裡知道，不用明說。由原文可知，「得意忘言」中的「意」是由「言」衍生出來的，而且與「言」本身有區別，指言外之意，弦外之音。如果「意」就是「言」，得意必不忘言，莊子必然不會有此一歎。得魚忘筌，得兔忘蹄，魚不在筌，兔不在蹄。作為一個眾所周知的文學話題，莊子已經我們點名了「得意忘言」中的得意——那就是「得言外之意」。

然而，藝術與現實常常發生衝突。「得意忘言」雖然表現出玄妙的文學意境，但也往往製造出驚人的假像和騙局。

語言是人們用來交流思想的符號，它有自己的體系，並且有限量。哲學大師伽達默爾擴大語言的概念，認為世界是由語言組成的，強調語言的資訊功能，而使傳統語言的固有特性喪失殆盡，從一般意義上講，世界畢竟不能與語言混同。

在南朝時，齊高帝曾與當時的書法家王僧虔一起研習書法。有一次，高帝突然問王僧虔說：「我們倆，誰的字寫得比較好？」

這個問題比較難回答，說高帝的字比自己的好，是違心之言；說高帝的字不如自己，又會使高帝的面子擱不住，弄不好還會將君臣之間的關係弄得很糟糕。

王僧虔的回答很巧妙：「我的字臣中最好，您的字君中最好。」

歷朝歷代皇帝就那麼幾位，而臣子卻是不計其數，王僧虔的言外之意很清楚。

高帝自然領悟了其中的言外之意，哈哈一笑，也就作罷，不再提這事了。

在許多場合，有一些話不好直說，不能直說，也無法明說，於是，旁敲側擊，繞道迂迴，就成為我們所要採用的最明智方法。

德國大詩人海涅是猶太人，常常遭到無端攻擊。

一場晚會上，一個旅行家對他說：「我發現了一個小島，那個島上竟然沒有猶太人和驢子！」

旅行家的言外之意，很明顯的，是在罵海涅是驢子。

於是海涅不動聲色地說：「看來，只有讓你和我一起去那個島上，才能彌補這個缺陷！」海涅的回答實在巧妙，他順勢把旅行家罵自己的話反擊回去。

「意」是語言所要表達的思想。人類的心智往來飄忽，變幻莫測，人心於是成為世界上最高深莫測的東西，而「盡在不言中」已經成為路人皆知的通論了。

與人打交道的時候，如果能夠善於分析弦外之音，又會傳達言外之意，便是得到人際關係操縱術的真傳。嫻熟於世故之人大都擅長話裡有話，且能做到一語雙關，精明之人無須多言直語，即能讓你心裡通透；「高明」的小人擅長含沙射影，指桑　槐，用話中之刺讓你身敗名裂。不管說話之人是否故意暗藏玄機，聽話者必須弄明白他的真實意圖，方能應對恰當。糊里糊塗，耳朵不靈，一定會常遇難堪之事；話裡藏話、旁敲側擊是聰明人的「遊戲」，笨人玩不了。腦子不靈光，煞風景自不必說，落人笑柄更是常有的事。話裡藏話、旁敲側擊其實是一種迂迴，不僅既重迂迴策略，尤重隱含之術，比迂迴更加主動，更臻微妙。

【原文】

筌者所以在魚，得魚而忘筌。蹄者所以在兔，得兔而忘蹄。言者所以在意，得意而忘言。吾安得忘言之人而與之言哉！

【譯文】

持有魚竿是為了捕魚，得到魚可以忘了魚竿。擁有馬是為了捕捉兔子，得到兔子可以忘了馬。語言就像釣魚用的竿和打獵用的馬一樣，只是表達意思的工具。只要領會了「意」的魚和兔，就可以忘掉「言」這個魚竿和馬。

11.善待生老病死

善吾生者，乃所以善吾死也。

生病終究是一個無可奈何的事情，儘管健康長壽是每個人的心願，但沒有人能一生無病無痛，生老病死是自然規律，是沒有人可以避免的。佛教認為這是人生所必經歷的四種痛苦，也稱為（果報）四相。《法華經》科註：「生老病死，四苦也。」《百喻經·治禿喻》：「世間之人，亦復如是。為生老病死之所侵惱，欲求長生不死之處。」相傳釋迦牟尼為太子時，曾於王城四門分別見到分娩、老人、病人、送葬的景象，因而決心放棄繼承王位，出家修道，以期超脫生老病死之苦而達彼岸。

人的一生，是由生存和死亡兩部分組成。生和死，相互依存，相互滲透。沒有生，則無死；沒有死，則無新生。就人的個體生命來說，每過一天、一月、一年，也就向死亡逼近一天、一月、一年。人們在享受生活的每一時刻，都不可避免地面對死亡。因此，正視死亡並冷靜地加以思索，懂得如何去對待死亡，是確立正確人生觀的一個基點。如果脫離這個基點，忌諱並且懼怕死亡，渾渾噩噩地過一輩子，那就是殘缺的人生，而不是真正的人生。

古往今來，許多仁人志士深知生而必死的規律，嚮往「安於死而無愧」、「死而不亡，與天地並久，日月並明」的善死局面，力求在短暫的人生中，發揮聰明才智，為民族的解放、國家的繁榮、人民的幸福，做出自己力所能及的貢獻。他們身處清貧，卻活得很充實；歷盡艱險，卻無怨無悔。他們或者壯烈地捐軀於血與火的戰場，或者默默獻身於平凡的工作崗位。他們在臨終回首往事時，沒有因為虛度年華而悔恨，也沒有因為碌碌無為而羞恥。這樣的人，軀體雖然已經死亡，但精神卻能永存，永遠活在人們的心中。

珍•奧斯丁死於「一種頑固的不治之症」，她哥哥為她所作傳略記載：「當家人最後一次問她還需要什麼時，她回答道：『除了死亡，我什麼也不需要了。』」這是說得多麼苦的話，但我們也在這裡看到「病」，甚至替代了「死」而處於與「生」相對立的一方面，「死」反而成了對「生」的一種幫助。至少也可以說，人面對「病」的被動使人得以主動地面對死。疾病就是這樣，它使我們最終能夠接受根本不可能接受的死亡，我們因而也就把生老病死視為自然的流序，人人都可以盡量坦然地面對這唯一一次生命旅程的行程將終結。

每個人都曾年輕過，年輕人不能因為年輕而自恃。每個人也都會年老，年老人也不能因為年老而自輕。生老病死乃自然規律，無需太多感歎。

行人處事一定要符合自然規律，也就是所謂「天人合一」，人生是有規律的，社會是有規律的，氣候、季節也都有自己的規律，就像冬至到了就該準備過冬的衣物，這些規律就像是拋物線，如要拋到外面去是絕對不可行的。

生死是我們無法掌握的事，不管你是唯心還是唯物者，都是肉體凡胎。對於這鐵一般的事實不需要去口辯。

人固有一死，或重於泰山，或輕於鴻毛。死的價值輕重，完全取決於個人的修養、作為。人生旅途短暫，有志有為者當珍惜分分秒秒，充分挖掘潛在的生命資源，創造出無愧於時代的輝煌業績。

【原文】

善吾生者，乃所以善吾死也。

【譯文】

善待我生命的人，也能善待我的死。

12.人生渺渺，知己難找

相濡以沫，不如相忘於江湖。

「千金易得，知己難求」、「海內存知己，天涯若比鄰」、「人生逢一知己，死而無憾」，「山河不足重，重在遇知己。」從這些話語中，足以見得中國古代讀書人是如此渴望得到知己，哪怕僅僅遇到一位，人生就是無悔。的確，獲得一份真正的友情是何等難得，它珍貴的如同深海的珍珠一般，可遇而不可求。

人們根據自己的經歷把朋友分為很多等級，而最終離不開或需要的是真正的朋友——知己。的確，只有知己才能對你的一生產生重要的作用，在你人生失意之時，他會給你關懷和鼓勵；在你遇到挫折時，他會伸出援助之手；在你春風得意之時，他會為你輕拉袖子。

知己不是那個你隨便說「嗨」的人，而是一個可以讓你依靠著痛哭的肩膀，一口能讓你釋放內心痛苦的井；是一排令你熱情高漲的巨浪；是一雙把你從黑暗和絕望中拉出來的手……

知己對每個人來說，都有不同的定義，但絕對脫離不了的重點，便是真誠。一個總以欺騙者的角色存在你身邊的人，你卻把他當作知己，那是件荒唐透頂的事情。隨著利益的衝突，很多朋友成了陌路人，甚至是仇人，這也是不真誠的常見現象。

歷史上有郭解的刎頸之交、桃園的結義之交、伯牙與子期的知音之交等等，人生真正結交一個志同道合、推心置腹、患難與共、生死相依的朋友談何容易，也正因為如此，才有「人生難得一知己」的感歎！

俞伯牙是戰國時的音樂家，曾擔任晉國的外交官。他從小就酷愛音樂，他的老師成連曾帶著他到東海的蓬萊山，領略大自然的壯美神奇，使他從中悟出了音樂的真諦。他彈起琴來，琴聲優美動聽，猶如高山流水一般。雖然，有許多人讚美他的琴藝，但他卻認為一直沒有遇到真正能聽懂他琴聲的人。

有一年，俞伯牙奉晉王之命出使楚國。八月十五日當天，他乘船來到了漢陽江口。遇風浪，停泊在一座小山下。晚上，風浪漸漸平息了下來，雲開月出，景色十分迷人。

望著空中的一輪明月，俞伯牙琴興大發，拿出隨身帶來的琴，專心致志地彈了起來。他彈了一曲又一曲，正當他完全沉醉在優美的琴聲之中的時候，猛然看到一個人在岸邊一動不動地站著。俞伯牙吃了一驚，手下用力，「啪」的一聲，琴弦被撥斷了一根。俞伯牙正在猜測岸邊的人為何而來，就聽到那個人大聲地對他說：「先生，您不要疑心，我是個打柴的，回家晚了，走到這裡聽到您在彈琴，覺得琴聲絕妙，不由得站在這裡聽了起來。」

俞伯牙藉著月光仔細一看，那個人身旁放著一擔乾柴，果然是個打柴的人。俞伯牙心想：「一個打柴的樵夫，怎麼會聽懂我的琴呢？」於是他問道：「你既然懂得琴聲，那就請你說說看，我彈的是一首什麼曲子？」

聽了俞伯牙的問話，那打柴的人笑著回答：「先生，您剛才彈的是孔子讚歎弟子顏回的曲譜，只可惜，您彈到第四句的時候，琴弦斷了。」

打柴人的回答一點不錯，俞伯牙不禁大喜，忙邀請他上船來細談。那打柴人看到俞伯牙彈的琴，便說：「這是瑤琴！相傳是伏羲氏造的。」接著他又把這瑤琴的來歷說了出來。

聽了打柴人的這番講述，俞伯牙心中不由得暗暗佩服。接著俞伯牙又為打柴人彈了幾曲，請他辨識其中之意。當他彈奏的琴聲雄壯高亢的時候，打柴人說：「這琴聲，表達了高山的雄偉氣勢。」當琴聲變得清新流暢時，打柴人說：「這後彈的琴聲，表達的是無盡的流水。」

俞伯牙聽了不禁驚喜萬分，自己用琴聲表達的心意，過去沒人能聽得懂，而眼前的這個樵夫，竟然聽得明明白白。沒想到，在這野嶺之下，竟遇到自己久久尋覓不到的知音，於是問明打柴人名叫鍾子期，和他喝起酒來。倆人越談越投機，相見恨晚，結拜為兄弟。約定來年的中秋再到這裡相會。

和鍾子期灑淚而別後第二年中秋，俞伯牙如約來到了漢陽江口，可是他等啊等啊，怎麼也不見鍾子期來赴約，於是他便彈起琴來召喚這位知音，可是又過了好久，還是不見人來。

第二天，俞伯牙向一位老人打聽鍾子期的下落，老人告訴他，鍾子期已不幸染病去世了。臨終前，他留下遺言，要把墳墓修在江邊，到八月十五日相會時，好聽俞伯牙的琴聲。

聽了老人的話，俞伯牙萬分悲痛，他來到鍾子期的墳前，悽楚地彈起了古曲《高山流水》。彈罷，他挑斷了琴弦，長歎了一聲，把心愛的瑤琴在青石上摔了個粉碎。他悲傷地說：「我唯一的知音已不在人世了，這琴還彈給誰聽呢？」

兩位知音的友誼感動了後人，人們在他們相遇的地方，築起了一座古琴臺。直至今天，人們還常用「知音」來形容朋友之間的情誼。

現實生活中，在我們的人際圈子裡，很多人迫不得已地為自己戴上一個面具，面具的後面隱藏著一個虛偽的面孔。他可以面帶微笑，把你扼殺於無所防備的搖籃中。有人在你面前稱兄道弟，背後卻對著你的要害放冷箭，欲置你於死地，而你卻渾然不知，仍把他當成你的兄弟朋友……

因此，如果在你的人生當中，遇到了一位真心相交的知己時，一定要相信他，包容他。我們每個人都需要朋友，正如一首歌曲所唱的：「結識新朋友，不忘老朋友，朋友多了路好走……」但是，友誼之花實在嬌嫩，也許昨天還是綻放，今天就已經凋零。這樣的巨變，也許只是因為你的一句話，一個眼神，或者一個不經意的動作。也許你會說，這樣經不起考驗的感情，失去也無所謂。如果是這樣認為，你就錯了。朋友分親密、保持距離兩類，而那些越是和你靠近的，越需要你細緻的呵護，越需要彼此的寬容和忍耐。

「人生渺渺，知己難找」。友情是一種最純潔、最高尚、最樸素、最平凡的感情，也是最浪漫、最動人、最珍貴、最永恆的情感。所以朋友，當你遇到人生知己的時候，請不要猶豫，也不要懷疑，一定要好好的把握，好好的珍惜這份來之不易的友誼吧！

【原文】

相濡以沫，不如相忘於江湖。

【譯文】

泉水乾涸了，魚兒吐出唾沫，互相濕潤著，多麼友愛！可是誰都不願意這樣，在牠們看來，與其在乾涸的陸地上發揮友愛，還不如在江湖水中各自遊走、相互忘去，才是真正的解脫。

13.靜心演繹生命的品質

無為則俞俞，俞俞者憂患不能處，年壽長矣。

靜心演繹生命的品質是一種境界。靜心也就是心靜。心靜需要具備一種豁達自信的特質，需要一份恬然和難得的悟性。當然，心靜並不是渴望不可及的境界，只要你保持一顆平常心，不奢求、不計較、不妄想、不承諾，以及不患得患失，這些都是到心靜和超然的必經路徑。

世事如棋，喜怒哀樂、酸甜苦辣，全憑個人的一顆心去領會去品評。人生一世，學會淡泊名利，清除超常欲望，心靜自然涼。

但在現實生活中，我們總常常感到心浮氣虛、焦躁不安，總不能心平氣和，時常怒髮沖冠，爆無名之火，究其原因，還是缺乏一顆平靜的心。

其實，面對人世間諸多的惶惑和無奈，你不妨心靜如水。心靜如水，雖然你暫時蒙受冤屈，但心裡坦蕩安然；心靜如水，雖然你活得平淡，但有滋有味；心靜如水，雖然你囊中羞澀，但有苦有樂；心靜如水，你雖然這輩子註定普普通通，但也愜意和輕鬆。曾經滄海難為水，除去巫山不是雲。只要你心靜如水，什麼榮辱得失、沉浮笑　、是非曲直，一切都視為斯夫。

俗話說：「靜則靈，靈則慧。」人生在世，處處充滿了誘惑和陷阱。在面對這一切時，人們往往對於自己心靈的保養，沒有透入足夠的心力，可它對人類來說卻是十分重要，不可或缺的。人們渴望心靜，因為心靜是一種力量。佛經上說：「浮生如劫，欲念如魔。」如果能在喧囂紛雜的紅塵之中保持素心若蓮，你的心將是一片開闊浩淼的水域，些微躁動和妄念只會像一些落葉或石子，投入其中，不會激起多大的波瀾。心靜到淡泊寡欲，自然無欲則剛，這個世界也就沒有什麼可以掣肘你、控制你。

一個苦心修行者在進入禪定的時候，突然看見一個蜘蛛在噬咬他的軀體，令他疼痛難忍。他向佛祖請示道：那蜘蛛噬咬我的軀體，擾亂我的參悟，我是否可以消滅這邪惡之物。

佛祖說：你不要急於消滅牠，可以拿一隻筆在蜘蛛身上畫一個印記，然後你想做什麼再去做吧！

於是，修行者在蜘蛛身上留下了印記，可是他驚訝的發現那印記竟然在自己的胸膛上，他明白了那蜘蛛是因心而生，殺死了蜘蛛等於殺死了自己。

心靜也是一種智慧。心的這種靜，不是平靜，而是欲靜，是一種「境」。心靜下來，才會少一份妖氣，增一份正氣；少一份嫉妒，增一份寬容；少一份囂躁，增一份真實。常懷憂思也好，滿腔怨憤也好，氣沖牛斗也罷，我們周遭的情況豈會因此而有所理想的改觀？實際上，個人的力量有時是有限的。世事宛如一盤棋局，我們每個人都只是其中的一顆棋子，被不可預知的命運操縱著，在方寸之間進退盤桓。倘若懷有一顆平常心，對人生入乎其內又出乎其外，不為榮辱得失所累，這一份清醒和理性就足以讓人品味人間冷暖，這難道不是生而為人的一種福分？

俄國大詩人普希金說過：「世界上的一切幸福，都以內心寧靜做為基本特徵。」心靜還是一種氣度。心「境」平了，心自然「靜」，心靜自然「涼」，就會心裡只有理想，沒有欲念。理想引人奮進，貪欲催人身敗名裂。因此，心靜者為人通達灑脫，他們實實在在地主宰了自己的心靈，不以物喜，不以己悲，懂得鬧中取靜，深諳平衡苦樂之道，這種人生態度是常人無法理解和實踐的，但恰恰是他們這種看來有些低調、迂腐的人生態度讓他們擁有卓然出世的襟懷，以及傲然屹立、睥睨世俗的人格高度。心靈常常保持寧靜的人，寬厚仁愛，心境澄澈，自然過得隨意瀟灑，了無罣礙，收穫的是人人嚮往而不得的人間至福。

老子曰：「仰不愧於天、俯不怍於人。」不管世事如何的反覆無常，只要我們心靜如水，襟懷坦白，就不會愧對他人。

人都是赤裸裸的來到這個世界上，又手握空拳，一無所有地離世而去，並且終將化為塵土。因此，你不必渴求生活的至善至美，凡是生活賦予你的，你都要欣然接納，不要去追求那些可有可無，並不影響生命內涵的東西，靜心演繹出生命的品質，才是最重要的。

【原文】

無為則俞俞，俞俞者憂患不能處，年壽長矣。

【譯文】

無為者從容自得，從容自得的人便不會身藏憂愁與禍患，不被憂患困擾，年壽也就長久了。

14.忘卻自我，超越塵世

至人之用心若鏡，不將不迎，應物而不藏，故能勝物而不傷。

莊子說：「吾所以有大患者，為吾有身，及吾無身，吾有何患？」這番話讓我們知道，不要有血肉之軀的生命觀念存在，而所謂沒有血肉的生命觀念，就是無我、無身的觀念，也就自然沒有名利觀念產，有成毀觀念，沒有生死觀念。

忘我是走向成功的一條捷徑，只有在這種環境中，人才會超越自身的束縛，釋放出最大的能量。

一位高僧和一位老道，互比道行高低。相約各自入定以後，彼此追尋對方的究竟隱藏在何處。和尚無論把「心」安放在花蕊中、樹梢上、山之巔、水之涯，都被道士的心於剎那之間，追蹤而至。他忽然領悟，是因為自己的心有所執著，才會被找到，於是便想：「我現在自己也不知道心在何處。」也就是進入無我之鄉，忘我之境，結果道士的心就追尋不到他了。

《中庸》提到：「極高明而道中庸，致廣大而盡精微。」越是想要為自己突破的人，越難以成就自己，而那種忘我無我的高尚精神，卻能達到自己心中所要的成就。因為這樣的人既能涵蓋一切，又能承載一切；既能超越自己，又能超越現實，成就現實；既能忘卻自己，又能成就自己。

其實，「忘我」實在不是一件簡單的事。能做到忘我的人，也就是沒有欲望，沒有一切等差觀念，也就能做到超越自我。能夠超越自我的人，也就能超越現實、超越世界，即超越現實生活，超越物質生活。因此無我的人，也就不會變成只圖物質享受的享樂人生觀，自然能絕對地將精神滲透到無限的偉大之中。因此莊子說：「道的修養，達到最高境界的人沒有自己；達到神仙境界的人沒有功勞；達到聖人境界的人沒有名聲。」有我就有限，有功就有限。只有「無」的人才能無可稱道，無可測度，無可比擬。

奧修說：「當鞋合腳時，腳就被忘記了。」腳被忘記，也可以說是腳處於忘我狀態，忘我地工作，且做得非常好。反之，如果鞋子不合腳，腳疼了，腳就被時時惦記著；甚至，如果削足適履，或是纏小腳，我們就不能走路了，或者走得不好了。其實人生如鞋，每個人必須找到一雙合適自己的鞋，只有當你渴望某種東西，某種事物，為了達到他而忘我，才能從「要」轉換為「不要」，才能達到最高境界。

一八五八年，瑞典的一個富豪人家生下了一個女兒。然而不久，孩子罹患了一種無法解釋的癱瘓症，喪失了走路的能力。

一次，女孩和家人一起乘船旅行。船長的太太跟孩子講說，船長有一隻天堂鳥，她被這隻鳥的描述迷住了，極想親自看一看。於是保姆把孩子暫時留在甲板上，自己去找船長處理事情。女孩耐不住性子等待，她要求船上的服務生立即帶她去看天堂鳥。

那服務生並不知道她的腿不能走路，而只顧著對她忘我地描述那隻美麗的小鳥。奇蹟發生了，孩子因為過度地渴望，竟忘我地拉住服務生的手，慢慢地走了起來。從此，孩子的病便痊癒了。女孩子長大後，全心投入文學創作，最後成為第一位榮獲諾貝爾文學獎的女性，也就是塞爾瑪・拉格洛夫。

美國著名盲聾女作家海倫・凱勒以「忘我就是快樂」的信念，克服勝利缺陷所造成的精神痛苦。她說：「我把別人眼睛所看見的光明當作我的太陽，把別人耳朵聽見的音樂當作我的交響樂，把別人嘴角的微笑當作我的幸福。」

苦與樂是人生的一種境界、一種感受。只要懂得以「忘我」征服痛苦，追尋快樂，雖然這條路上充滿著荊棘的苦味道，但最終的甜美總是賞心悅目的。

【原文】

至人之用心若鏡，不將不迎，應物而不藏，故能勝物而不傷。

【譯文】

一個接近於完美的人，心如明鏡，不為物所移，對外物無求無待；物來而對應，但不存之於心。因此，接近完美的人能在對應中戰勝外物，而不為外物所傷累。

15.人生不要太多情

有人之形，無人之情。

「自古多情終被無情棄」、「自古多情空餘恨」、「自古多情傷離別」等等詩句，都寫出了人若太多情，就會為自己帶來許多的悲傷和痛苦，使人整天在「悲」與「哀」中度過。

相信大家都非常喜歡看電視劇，裡面的劇情描寫著人們為生離死別而悲傷過度之餘，開始借酒澆愁愁更愁，既傷心又傷神，不過最後終究仍要回到現實，面對現實，面對親人離別時和失去親人時的痛苦。

種種現象顯示，人不該太多情，否則，最後受傷的還是自己。這也是自古以來，為什麼女人總為自己的丈夫有沒有婚外情而苦惱。在古代，這種情況更是讓人頭疼，因為一個男人可以娶很多個女人，女人與女人就開始了鬥爭。俗話說：「最毒婦人心」，女人之間的鬥爭要比戰場上，商場的敵人還要殘忍激烈，尤其是皇帝後宮中的女人，整天要提防著自己被殺，被害，還要一邊討好皇帝，避免受冷落。

一條魚搖著尾巴游來，乞求莊子的愛情，莊子敲敲魚的腦袋，告訴牠：「你擁有，就會失去。」你若沒有生的快樂，就不會有死的痛苦。相濡以沫，最終還是要在光陰中彼此迷失。你和這軀殼所擁有的一切，最終會像水一樣蒸發，像河流一樣遠去，像夢一樣不可追尋。為什麼要走那麼多彎路呢？結局清清楚楚地擺在面前，它可以用更簡單的方法抵達。莊子告訴魚：你還是回到海裡去吧！江長湖寬，生命只是一場體驗，我們可以真實相擁的時候，只在靈魂相遇的瞬間。

莊子的話，告訴我們：作為人，不能太多情。雖然有人說：不在乎天長地久，只在乎曾經擁有。但是，擁有了之後，再失去，受傷的還是自己，何必呢？

年輕時，我們容易受情感的支配，相信緣分，相信直覺，追求感覺，熱衷於一切縹緲的東西，等到經歷過世事以後，理智會居於主導，我們變得凡事思慮、顧慮、疑慮……任何事都要經過層層過濾，也讓我們的情感漸漸冷卻，平淡到對凡事僅僅擁有一種習慣，可以無視，除非在一瞬間失去，才會意識到失去的感受。

人生不要太多情，就不會有太多的痛苦和煩惱，要學會轉身已經是遺忘。塵囂亂世中，沒有誰是誰永恆的牽掛，沒有誰是誰心頭的那點肉，或許曾經你我握著手，相互注視，是那麼的自然。或許曾經你我之間有過山盟海誓，但都已經過去，既然已經過去，就不應該再去回想。

情感太多會累壞自己，幸福就是身體的無痛苦和靈魂的無紛擾。若能參透這些，生活中便也沒有什麼事情值得你花心思去煩惱。因為很多東西在光陰和生命面前都是微不足道的，人活著就要學會承受生命的重量，苦難也是生活的一部分，當你無法改變現實時，你需要做的就是改變自己，讓自己堅強起來。世界上充滿著痛苦，也充滿著克服痛苦的事物。想得開是天堂，想不開是地獄。順生者必得全生，要想人生美滿，就要順其自然。只要看重自己，自珍自愛，生命就有意義、有價值。有些人總感覺活得太累太苦，其因何在？就在於不能心靜如水，達不到「純心」的境界。純心並非稚嫩，而是看過人間是非之後的安靜。做一個純粹的自己，而不與天下人隨波逐流，只要你專注，單一就可以明白一切。閒庭信步，看庭內花開花落，去留無意，任天外雲卷雲舒。只要心是開闊的、寧靜的，陽光自然會進來。

【原文】

有人之形，無人之情。

【譯文】

人只需要具備人的形狀就可以了，無需有人的七情六欲。人要無情，才能活出人的境界。

國家圖書館出版品預行編目資料

一本讀懂孔孟老莊的古老智慧 / 李蘭方編著．——初版——新北市：晶冠出版有限公司，2021.02
面；公分．——（薪經典；22）

ISBN 978-986-99458-4-4（平裝）

1. 孔孟思想　2. 老莊哲學　3. 人生哲學

121.2　　109020790

薪經典　22

一本讀懂孔孟老莊的古老智慧

作　　者　李蘭方
行政總編　方柏霖
副總編輯　林美玲
特約編輯　李美麗
封面設計　王心怡
出版發行　晶冠出版有限公司
電　　話　02-7731-5558
傳　　真　02-2245-1479
E-mail　ace.reading@gmail.com
總 代 理　旭昇圖書有限公司
電　　話　02-2245-1480（代表號）
傳　　真　02-2245-1479
郵政劃撥　12935041 旭昇圖書有限公司
地　　址　新北市中和區中山路二段352號2樓
E-mail　s1686688@ms31.hinet.net
旭昇悅讀網　http://ubooks.tw/
印　　製　福霖印刷有限公司
定　　價　新台幣280元
出版日期　2021年3月　初版一刷
ISBN-13　978-986-99458-4-4